1일 1독해

7세 첫 독해 ① 이야기 글

하루 15분 똑똑한 공부 습관!

1일 1독해

7세 첫 독해
① 이야기 글

발행일	2026년 3월 31일
펴낸곳	메가스터디(주)
펴낸이	손은진
개발 책임	김문주
개발	양수진, 최란경, 표민지
글	메가스터디 초등교육 연구소, 이현숙
그림	오지혜
디자인	주희연, 신은지
마케팅	김상민
제작	이성재, 장병미
주소	서울시 서초구 효령로 304(서초동) 국제전자센터 24층
대표전화	1661-5431
홈페이지	http://www.megastudybooks.com
출판사 신고 번호	제 2020-000037호
출간제안/원고투고	메가스터디북스 홈페이지 <투고 문의>에 등록

일러두기
· 맞춤법과 띄어쓰기는 국립국어원에서 펴낸 《표준국어대사전》을 기준으로 삼되, 초등학교 교과서의 표기를 참고했습니다.
· 외국의 인명과 지명은 국립국어원에서 펴낸 《외래어 표기법》을 따랐습니다.

메가스터디북스

'메가스터디북스'는 메가스터디㈜의 교육, 학습 전문 출판 브랜드입니다.

초중고 참고서는 물론, 어린이/청소년 교양서, 성인 학습서까지 다양한 도서를 출간하고 있습니다.

· **제품명** 1일 1독해 7세 첫 독해 1 이야기 글
· **제조자명** 메가스터디㈜ · **제조년월** 판권에 별도 표기 · **제조국명** 대한민국 · **사용연령** 3세 이상
· **주소 및 전화번호** 서울시 서초구 효령로 304(서초동) 국제전자센터 24층 / 1661-5431

1일 1독해 7세 첫 독해

<1일 1독해 7세 첫 독해>는
재미있는 이야기 글과 궁금증을 풀어 가는 호기심 글을
문장 → 문단 → 책 한 권의 순서로 경험하며,
본격 독해를 시작하기 전 독해 감각을 키우도록 구성했습니다.

❶ 이야기 글 , ❷ 호기심 글 두 권 완성으로
독해의 첫걸음을 시작해 보세요!

❶ 이야기 글
옛이야기, 명작, 우화, 동시, 전래 동요 등
다양한 이야기 글을 읽으며 읽기의 즐거움을 느끼고,
독해의 기초를 다질 수 있습니다.

❷ 호기심 글
생활 속 궁금증에 대한 지식 글과 일기, 편지글, 안내문 등
다양한 호기심 글을 읽으며 세상을 알아 가고,
독해 자신감을 기를 수 있습니다.

우리 아이 10년 뒤를 바꾸는 독해력!

독해력은 모든 학습의 기초 체력입니다. 초등 시기에 제대로 읽고 이해하는 독해력을 탄탄하게 다져 놓으면, 중학생, 고등학생이 되어 아무리 어려운 지문과 문제를 접하더라도 그 내용을 잘 이해할 수 있고 차근차근 문제를 풀 수 있습니다. 독해력이 뛰어난 아이일수록 여러 교과의 내용을 쉽게 이해할 수 있고, 자신의 생각을 풍부하고 명확하게 표현할 수 있습니다.

왜 1일 1독해일까?

<1일 1독해> 시리즈는 주제에 맞는 이야기가 짧은 지문으로 제시되어 부담 없이 매일 한 장씩 풀기 좋습니다. 독해는 어릴 때 습관을 잡아 주는 것이 가장 중요합니다. 메가스터디북스의 <1일 1독해> 시리즈로 몸의 근육을 키우듯 아이의 학습 근육을 키워 주세요.

① 아이가 재미있어서 스스로 보는 책

왜 아이들은 1일 1독해를
"재미있다"고 할까요?
눈높이에 맞는 흥미로운 주제의
지문들을 읽는 즐거움이
있기 때문입니다.
지문을 읽고 바로바로 문제를 풀어
확인하는 단순한 학습 패턴에서
아이는 공부의 재미를 느끼게 됩니다.

② 매일 완독하니까 성공의 경험이 쌓이는 책

하루 15분! 지문 1쪽, 문제 1쪽의
부담 없는 학습량으로 아이는
매일매일 성공적인 학습을
경험합니다.
매일 느끼는 성취감은 꾸준한
학습 습관으로 이어지고,
완독의 경험이 쌓여
아이의 공부 기초 체력이 됩니다.

③ 독해 학습과 배경지식 확장이 가능한 책

한국사, 세계사, 사회 등
교과 연계 지문으로
교과 학습을 대비할 수 있고,
과학, 우리나라, 세계 나라,
세계 명작, 고전, 인물까지
꼭 알아야 할 다양하고
폭넓은 주제의 지문으로
배경지식을 확장시킬 수 있습니다.

메가스터디북스 1일 1독해 시리즈

<1일 1독해> 시리즈는 본격 독해 시작 전 독해 감각을 키우는 7세 첫 독해, 다양한 이야기로 독해를 시작하는 주제 독해 시리즈, 교과 연계 중심의 학습 독해 시리즈, 배경지식을 확장하는 심화 독해 시리즈로 구성됩니다.

7세 첫 독해
(유치~예비 초등)

본격 독해 시작 전

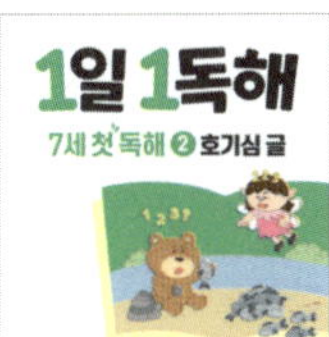

❶ 이야기 글
❷ 호기심 글
전 2권

주제 독해
(예비 초등~ 초등 저학년)

이야기

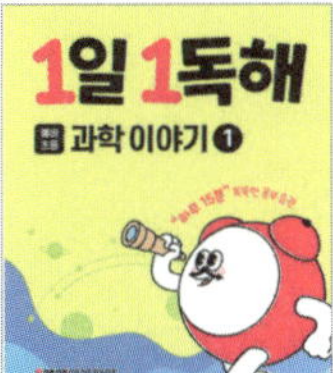

과학 이야기 ❶ ~ ❻
세계 나라 ❶, ❷
세계 명작
마음 이야기
전 10권

우리나라

우리나라 ❶ ~ ❹
전 4권

학습 독해
(초등 전학년)

한국사

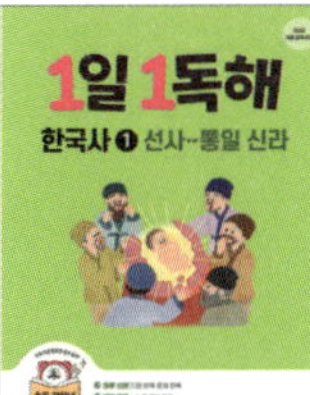

❶ 선사 ~ 통일 신라
❷ 후삼국 ~ 고려
❸ 조선(상)
❹ 조선(하)
❺ 대한 제국 ~ 현대
전 5권

세계사

❶ 고대
❷ 중세
❸ 근대(상)
❹ 근대(하)
❺ 현대
전 5권

초등 사회

❶ ~ ❺
전 5권

심화 독해
(초등 중학년 이상)

우리 고전 50

우리 고전 50
❶ 삼국유사 설화
❷ 교과서 고전문학
전 2권

세계 고전 50

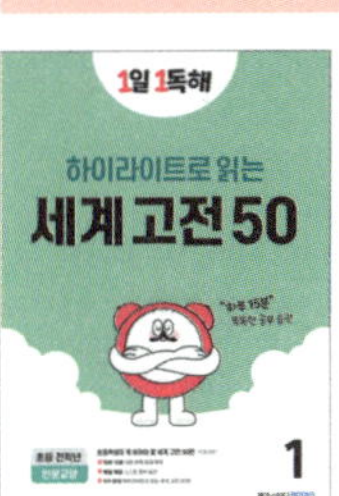

세계 고전 50 ❶, ❷
전 2권

세상을 바꾼 인물 100

❶ 문화 · 예술
❷ 과학 · 기술
❸ 의료 · 봉사
❹ 경제 · 정치
전 4권

소리 내어 세 번 읽는 연습을 하고 붙임 딱지를 붙입니다.

지문을 접하기 전, 흥미를 높일 수 있는 질문을 던져 글에 몰입하게 합니다.

문장을 알맞게 끊어 읽고 리듬과 억양을 살려 읽으며, 글을 자연스럽고 정확하게 읽는 힘을 기르는 읽기 유창성 활동을 합니다.

어려운 어휘를 쉽게 설명하여 어휘력을 높입니다.

● **독해 한 걸음**
지문 속 독해 원리로 글의 짜임과 구조를 이해하며 글에 대한 이해력을 키웁니다.

1단계
문장 읽기 ❶

황금 알을 낳는 거위

○ 소리 내어 읽어 보세요!
? ? ?

거위가 매일 황금 알을 낳는다면 어떤 일이 생길까?

한 / 농부가 / 거위를* / 길렀어요.
거위는 / 매일 / 황금 / 알을 / 낳았어요.
농부는 / 욕심이 / 나서 / 거위의 / 배를 / 갈랐어요.
하지만 / 거위의 / 뱃속에는 / 아무것도 / 없었지요.

* **거위** 오릿과의 새.

독해 한 걸음   어절 단위로 끊어 읽기

글자를 하나씩 끊어 읽으면 문장의 뜻을 알기 어려워요.
띄어 쓴 곳마다 잠깐 멈추어 읽으면 뜻을 쉽게 알 수 있어요.

쏙쏙 확인! **붙임 딱지** 를 붙이며 문장을 끊어 읽는 연습을 해 보세요.

?	/	?	/	?

16

독해 순서

문장	문단	책 한 권
1단계 문장 읽기 ❶ **2단계** 문장 읽기 ❷	**3단계** 문단 읽기 ❶ **4단계** 문단 읽기 ❷	**5단계** 책 한 권 읽기
문장으로 구성된 지문을 읽고 문제를 풀면서 내용을 잘 이해했는지 확인합니다.	문단으로 확장된 지문을 읽고 문제를 풀면서 내용을 잘 이해했는지 확인합니다.	문장과 문단 읽기로 쌓은 읽기 자신감을 바탕으로, 네 장면으로 이루어진 책 한 권을 읽어 봅니다.

꼼꼼 질문

1 농부의 거위는 어떤 알을 낳았나요? 알맞은 것을 찾아 선으로 이으세요.

- 황금 알

- 무지개 알

꼼꼼 질문

2 거위의 뱃속에는 무엇이 있었나요? 알맞은 것에 ○ 하세요.

아무것도 없었어요.

황금 알이 많이 있었어요.

탐정 질문

3 거위의 배를 가른 농부는 어떻게 되었을까요? 알맞은 것을 고르세요.
(   )

① 큰 부자가 되었을 거예요.

② 더 이상 황금 알을 얻지 못했을 거예요.

너도 욕심을 부리다가 안 좋은 일이 생긴 적이 있니? 17

쑥쑥! 어휘와 문장 놀이

다양한 말놀이를 통해 어휘와 문장을
재미있게 다루며 언어 감각을 기릅니다.

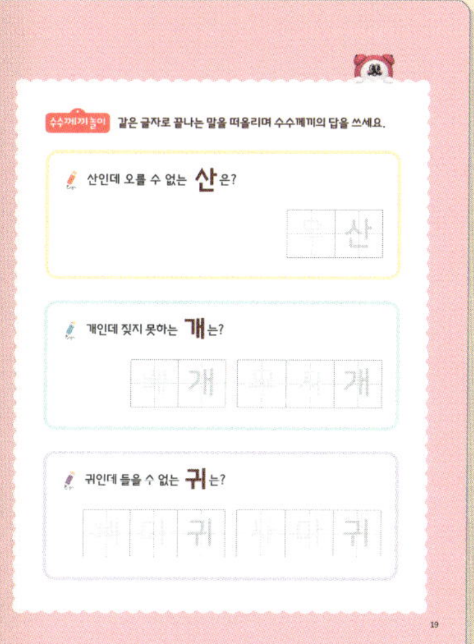

차 례

1일 1독해

7세 첫 독해 ❶ 이야기 글

여우와 신포도

어느 날, 배고픈 여우가 포도를 보았어요.

여우는 포도가 먹고 싶었지만, 포도는 너무 높이 있었어요.

"흥, 저 포도는 틀림없이* 실 거야!"

여우는 포도를 뒤로한 채 다시 길을 걸어갔어요.

* **틀림없다** 조금도 어긋나는 일이 없다.

독해 한걸음 **누가 어찌하다**

'누가 어찌하다'는 누가 어떤 행동을 하는지를 알 수 있는 말이에요.
글의 첫 문장에서 '여우가', '포도를 보았다'는 것을 알 수 있어요.

 **콕콕 확인!** **다음 중 '누가'를 나타내는 말에 밑줄을 그으세요.**

여우가   폴짝   뛰었어요.

꼼꼼 질문

1 포도를 발견한 것은 누구인가요? 알맞은 것에 붙임 딱지 를 붙이세요.

여우

토끼

꼼꼼 질문

2 여우는 포도를 본 뒤 무엇을 했나요? 알맞은 것에 ◯ 하세요.

포도를 따서 먹었어요.

포도를 먹지 못하고 갔어요.

탐정 질문

3 포도가 낮은 곳에 있었다면 여우는 어떻게 했을까요? 알맞은 것을 고르세요.   (   )

① 여우는 포도를 먹었을 거예요.

② 여우는 포도를 먹지 않았을 거예요.

팥죽 할머니와 호랑이

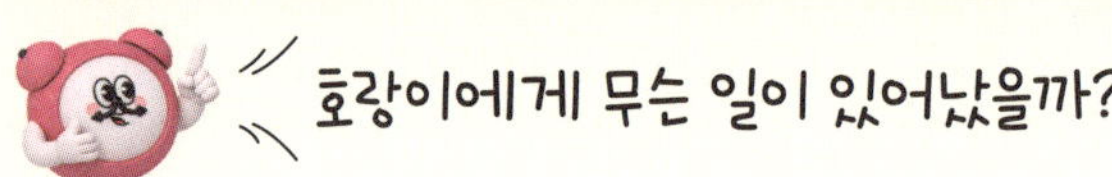

할머니가 팥죽을 보글보글 끓였어요.

호랑이가 오자, 팥죽을 얻어먹은 알밤과 송곳이 할머니를 도우러 나섰어요.

뜨거운 알밤은 호랑이의 눈을 때리고, 송곳은 호랑이를 찔렀지요.

혼쭐난* 호랑이는 깜짝 놀라 도망쳤어요.

* **혼쭐나다** 몹시 혼나다.

독해 한걸음　**어떻게 어찌하다**

'어떻게 어찌하다'는 행동이나 움직임이 어떻게 이루어지는지 알 수 있는 말이에요.

글의 첫 문장에서 할머니가 팥죽을 '보글보글', '끓였다'는 것을 알 수 있어요.

 **콕콕 확인!**　**다음 중 '어떻게 어찌하다'를 나타내는 말에 밑줄을 그으세요.**

호랑이가　　문을　　벌컥　열었어요.

1 할머니는 어떤 음식을 만들었나요? 알맞은 것에 ○ 하세요.

| 팥죽 | 팥떡 |

2 알밤과 송곳은 호랑이를 어떻게 했나요? 알맞은 것을 찾아 선으로 이으세요.

알밤　•　　　•　호랑이의 눈을 때렸어요.

송곳　•　　　•　호랑이를 찔렀어요.

3 알밤과 송곳은 왜 할머니를 도왔을까요? 알맞은 것을 고르세요.

(　　　　)

① 할머니가 팥죽을 준 것이 고마워서

② 할머니가 아파 보여서

너라면 누군가 위험에 처했을 때 어떻게 할 것 같니?　11

울산바위

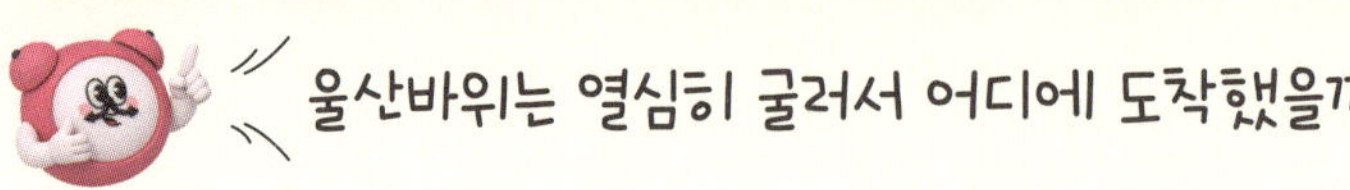

커다란 울산바위가 굴렁굴렁 굴러가요.

산신령*이 금강산에서 멋진 바위들을 모으고 있다는 소문*을 들었거든요.

울산바위는 먼 길을 가다가 설악산에서 잠시 쉬었어요.

그 사이 산신령이 바위를 모두 모아서, 울산바위는 지금도 설악산에 서 있대요.

* **산신령** 산을 지키고 다스리는 신.
* **소문** 사람들 입에 오르내려 전하여 들리는 말.

독해 한 걸음 **어떠한 무엇**

'어떠한 무엇'은 사람이나 물건의 모양이나 모습, 상태가 어떠한지 알려 주는 말이에요.
'커다란 울산바위'에서 울산바위의 모습이 크다는 것을 알 수 있어요.

 **다음 중 '어떠한 무엇'을 나타내는 말에 밑줄을 그으세요.**

피곤한 울산바위가   쿨쿨   잠자요.

1 울산바위는 어떻게 굴러가나요? 알맞은 것에 색칠하세요.

굴렁굴렁

또르르

2 멋진 바위를 모은 것은 누구인가요? 알맞은 것에 ○ 하세요.

산신령

요정

3 울산바위가 쉬지 않고 계속 굴러갔다면 지금 어디에 있을까요? 알맞은 것을 고르세요.　　　　　　　(　　　　)

① 금강산에 있을 거예요.

② 울산에 있을 거예요.

너도 울산바위처럼 쉬느라 하고 싶은 일을 못한 적이 있니?

황새 목은 왜 길어졌을까?

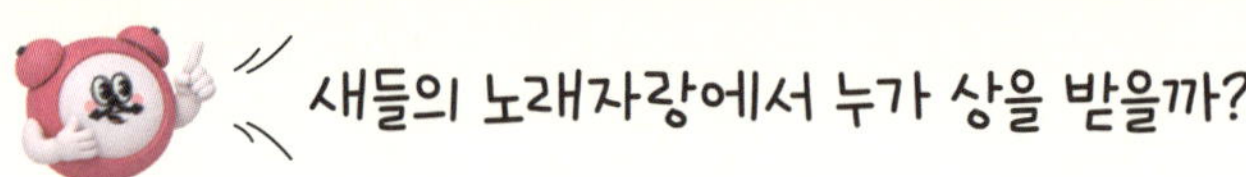

숲속에서 새들의 노래자랑이 열렸어요.

심판*을 맡은 황새는 노래를 잘한 꾀꼬리 대신, 자신에게 선물을 준

까마귀에게 상을 주었어요.

그러자 화가 난 새들이 황새의 목을 쭉 잡아당겼지요.

그때부터 황새의 목이 길어졌다고 해요.

* **심판** 경기에서 규칙을 지키고 어겼는지를 살피며,
　　승부를 가리는 일 또는 사람.

독해 한걸음　묻는 말

궁금한 것을 묻는 말에는 물음표(?)를 써요.
제목인 '황새 목은 왜 길어졌을까?'는 황새 목이 길어진 이유를 묻고 있어요.

콕콕 확인!　다음 중 '묻는 말'로 알맞은 것에 ◯ 하세요.

꾀꼬리는 어떻게 노래했을까? ·· (　　　)

꾀꼬리는 꾀꼴꾀꼴 아름답게 노래했어요. ······························ (　　　)

1

숲속에서 새들은 무엇을 했나요? 알맞은 것에 붙임 딱지 를 붙이세요.

| 노래자랑 | 힘자랑 |

2

화가 난 새들이 무엇을 잡아당겼나요? 알맞은 글자를 따라 쓰세요.

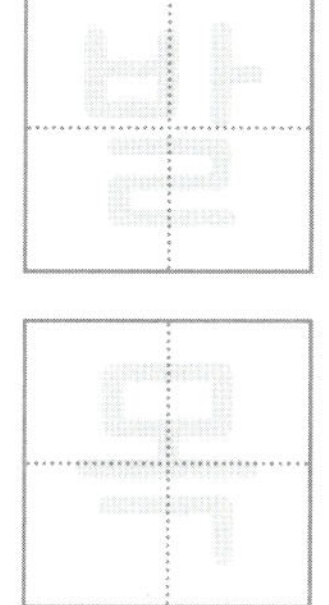

황새의 [   ]을 잡아당겼어요.

3

황새가 바르게 심판했다면 누구에게 상을 주었을까요? 알맞은 것을 고르세요.   (   )

① 선물을 더 많이 준 새에게 상을 주었을 거예요.

② 아름답게 노래한 새에게 상을 주었을 거예요.

네가 심판이라면 상을 줄 때 무엇을 가장 중요하게 볼래?

황금 알을 낳는 거위

거위가 매일 황금 알을 낳는다면 어떤 일이 생길까?

한 / 농부가 / 거위*를 / 길렀어요.

거위는 / 매일 / 황금 / 알을 / 낳았어요.

농부는 / 욕심이 / 나서 / 거위의 / 배를 / 갈랐어요.

하지만 / 거위의 / 뱃속에는 / 아무것도 / 없었지요.

* **거위** 오릿과의 새.

독해 한걸음 **어절 단위로 끊어 읽기**

글자를 하나씩 끊어 읽으면 문장의 뜻을 알기 어려워요.
띄어 쓴 곳마다 잠깐 멈추어 읽으면 뜻을 쉽게 알 수 있어요.

붙임 딱지 를 붙이며 문장을 끊어 읽는 연습을 해 보세요.

?	/	?	/	?

 꼼꼼 질문

1 농부의 거위는 어떤 알을 낳았나요? 알맞은 것을 찾아 선으로 이으세요.

- 황금 알

- 무지개 알

 꼼꼼 질문

2 거위의 뱃속에는 무엇이 있었나요? 알맞은 것에 ◯ 하세요.

아무것도 없었어요.

황금 알이 많이 있었어요.

 탐정 질문

3 거위의 배를 가른 농부는 어떻게 되었을까요? 알맞은 것을 고르세요.

(   )

① 큰 부자가 되었을 거예요.

② 더 이상 황금 알을 얻지 못했을 거예요.

너도 욕심을 부리다가 안 좋은 일이 생긴 적이 있니?

어휘와 문장 놀이

빠른 말놀이 발음이 어려운 문장을 또박또박 소리 내어 빠르게 읽어 보세요.

뽀글뽀글 세수놀이

뽀글뽀글 뽀글 거품으로 뽀글 머리를 감고,

뽀글뽀글 뽀글 거품으로 얼굴을 뽀드득뽀드득,

뽀송뽀송 뽀송 수건으로 온몸을 톡톡,

반짝반짝한 내 모습!

 같은 글자로 끝나는 말을 떠올리며 수수께끼의 답을 쓰세요.

 산인데 오를 수 없는 **산**은?

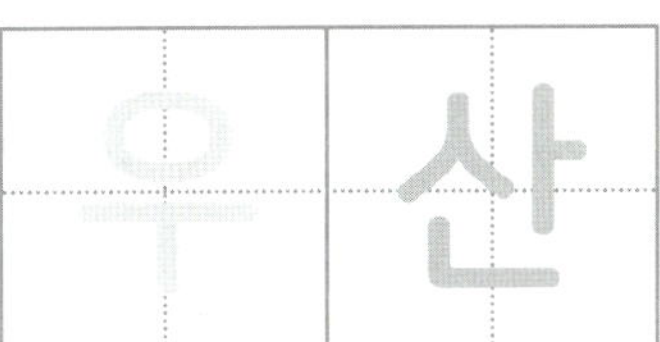

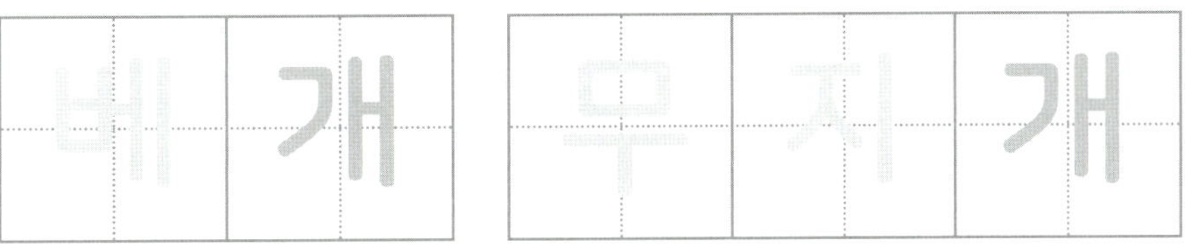 개인데 짖지 못하는 **개**는?

 귀인데 들을 수 없는 **귀**는?

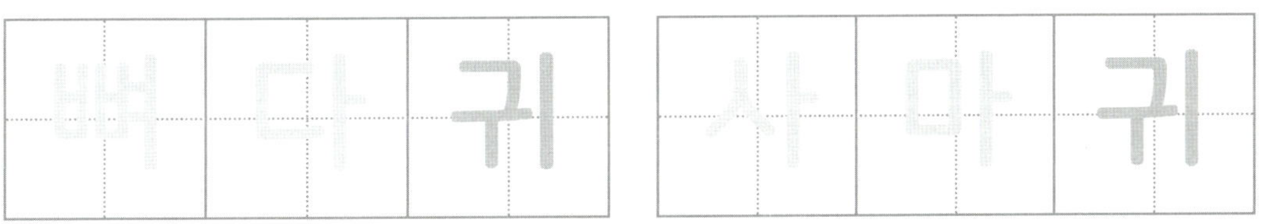

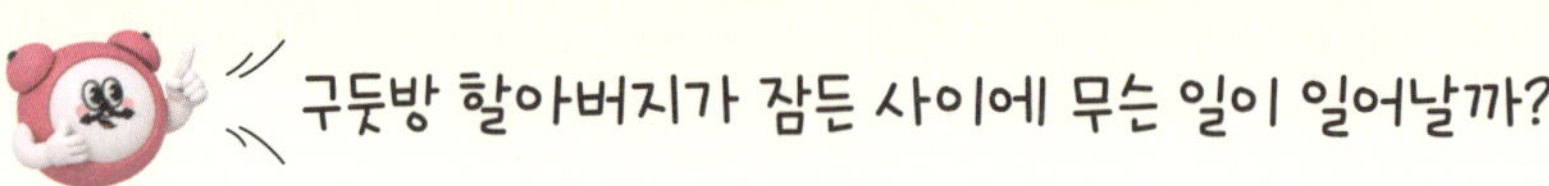

구둣방 할아버지와 요정

구둣방 할아버지가 잠든 사이에 무슨 일이 일어날까?

구둣방* 할아버지는 너무 피곤해서 가죽*만 자르고 잠이 들었어요.

하지만 아침에 일어나 보니 반짝반짝한 새 구두가 놓여 있었지요.

할아버지는 누가 몰래 구두를 만들어 주는지 지켜보기로 했어요.

그날 밤도 어디선가 작은 요정들이 폴짝폴짝 나타났어요.

그리고 콧노래를 부르며 뚝딱뚝딱 구두를 만들었어요.

* **구둣방** 구두를 만들거나 고치거나 팔거나 하는 가게.
* **가죽** 동물의 몸에서 벗겨 낸 껍질을 다듬어 만든 것.

독해한걸음 **이어 주는 말**

'하지만'과 '그리고'는 문장과 문장을 이어 주는 말이에요.

'하지만'은 앞 문장과 반대되는 내용이 나올 때 쓰고, '그리고'는 앞 문장과 내용이 비슷하거나 순서대로 이어질 때 써요.

 **콕콕 확인!** **다음 중 '이어 주는 말'에 밑줄을 그으세요.**

요정들은 구두를 만들었어요. 그리고 책상 위에 가지런히 놓았지요.

1 아침에 일어나 보니 무엇이 놓여 있었나요? 알맞은 것에 ◯ 하세요.

새 가방

새 구두

2 밤에 몰래 구두를 만든 것은 누구인가요? 알맞은 것에 　붙임 딱지　 를 붙이세요.

요정들

할아버지

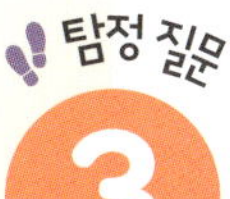

3 할아버지는 요정들을 보고 어떤 마음이 들었을까요? 알맞은 것을 고르세요.   (   )

① 구두를 만들어 준 요정들에게 고마웠을 거예요.

② 구둣방에 몰래 들어온 요정들에게 화가 났을 거예요.

너는 누군가를 몰래 도와준 적이 있니?

호두까기 인형

크리스마스 이브에 클라라는 호두까기 인형*을 선물로 받았어요.

그날 밤, 호두까기 인형은 클라라와 함께 춤을 추었어요.

생쥐 왕이 나타나자 용감하게 맞서 싸우기도 했지요.

다음날 아침, 클라라는 눈을 뜨고 깜짝 놀랐어요.

모든 게 꿈이라는 것을 깨달았거든요.

* **호두까기 인형** 호두 껍데기를 깨는 기계처럼 생긴 인형.

독해 한걸음 ## 시간을 나타내는 말

'그날 밤', '다음날 아침'은 시간을 나타내는 말이에요.
그 일이 언제 일어났는지를 알 수 있어요.

 **콕콕 확인!** **다음 중 '시간을 나타내는 말'에 밑줄을 그으세요.**

그날 밤, 클라라는 꿈에서 커다란 성을 보았어요.

1 클라라는 선물로 무엇을 받았나요? 알맞은 것에 색칠하세요.

곰 인형

호두까기 인형

2 호두까기 인형은 누구와 용감하게 맞서 싸웠나요? 알맞은 글자를 따라 쓰세요.

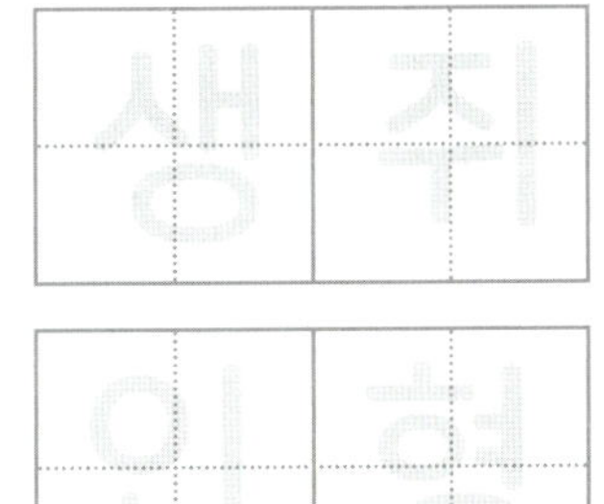

왕과 맞서 싸웠어요.

3 클라라는 지난 밤에 있었던 일이 꿈이라는 것을 어떻게 알았을까요? 알맞은 것을 고르세요.   (   )

① 자신의 옆에 호두까기 인형이 놓여 있어서

② 호두까기 인형이 다시 춤을 추자고 해서

네가 받은 선물 중에서 가장 기억에 남는 것은 무엇이니?

알라딘과 요술 램프

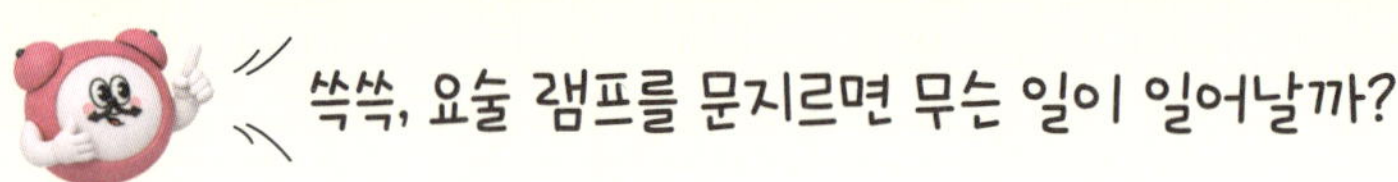

알라딘은 마법사에게 속아 깊은 동굴에 갇혔어요.

그곳에는 반짝이는 램프*가 있었어요.

알라딘이 램프를 문지르자 "펑!" 하며 거인 요정이 나타났어요.

"주인님, 무엇을 도와드릴까요?"

알라딘은 깜짝 놀라 뒤로 벌러덩 넘어졌어요.

* **램프** 어두운 곳을 밝힐 때 쓰는 물건.

독해 한걸음 ## 장소를 나타내는 말

'동굴'이나 '그곳'은 이야기가 펼쳐지는 장소를 말해요.
장소를 나타내는 말을 찾으면 이야기의 분위기를 더욱 생생하게 떠올릴 수 있어요.

콕콕 확인! **다음 중 '장소를 나타내는 말'에 밑줄을 그으세요.**

거인 요정은 알라딘을 궁전에 데려갔어요.

1 알라딘은 어디에 갇혔나요? 알맞은 것을 찾아 선으로 이으세요.

동굴

램프

2 알라딘이 램프를 문지르자 거인 요정이 나타나 무슨 말을 했나요? 알맞은 것에 붙임 딱지 를 붙이세요.

주인님, 여기는 어디인가요?

주인님, 무엇을 도와드릴까요?

3 알라딘은 거인 요정에게 무엇을 부탁했을까요? 알맞은 것을 고르세요.

(   )

① "다시 램프 속으로 들어가 줘!"

② "나를 동굴에서 나가게 해 줘!"

빨간 암탉

어느 날, 빨간 암탉은 밭에서 밀* 씨앗을 발견했어요.

암탉은 먼저 농장의 동물 친구들에게 밀 씨앗을 심자고 했어요.

그다음 밀에 물을 주자고 했고, 마지막으로 밀을 빻아 밀가루를

만들자고 했지요.

하지만 친구들은 암탉을 한 번도 돕지 않았어요.

암탉의 밀가루로 만든 고소한 빵 냄새가 퍼지자, 그제야 친구들은

하나둘 찾아왔어요.

빨간 암탉은 혼자서 빵을 맛있게

먹어 버렸답니다.

* **밀** 밭에 심어 가꾸는 곡식으로,
빵이나 과자 등을 만들 때 쓰는 재료.

독해 한걸음 **순서를 나타내는 말**

'먼저', '그다음', '마지막으로'는 일의 순서를 알 수 있는 말이에요.

이 말들을 따라가면 이야기를 순서대로 이해할 수 있어요.

 **다음 중 '순서를 나타내는 말'에 밑줄을 그으세요.**

마지막으로 빨간 암탉은 빵을 노릇노릇하게 구웠어요.

1 빨간 암탉은 동물 친구들에게 무슨 말을 했나요? 알맞은 것에 색칠하세요.

밀 씨앗을 함께 심자!

밀가루를 나눠 갖자!

2 이 글의 내용으로 맞으면 ○, 틀리면 ✕ 하세요.

빨간 암탉은 밀 씨앗을 선물 받았어요. ……………………

동물 친구들은 암탉을 딱 한 번 도왔어요. ……………………

3 만약 동물 친구들이 빨간 암탉을 도왔다면 어떻게 되었을까요? 알맞은 것을 고르세요. (   )

① 빨간 암탉은 친구들과 함께 빵을 팔았을 거예요.

② 빨간 암탉은 친구들과 빵을 맛있게 나눠 먹었을 거예요.

혼자서는 하기 힘든 일이 있을 때 너는 어떻게 하고 싶니?

비와 햇살

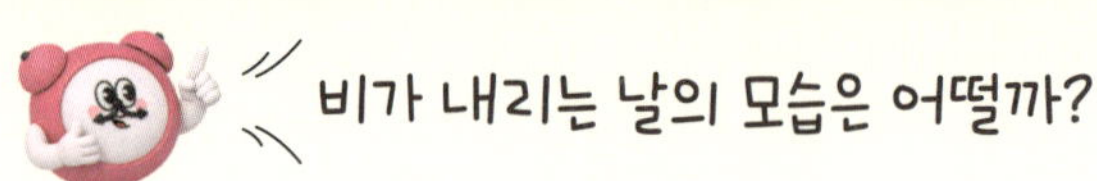

봄비가 / 살금살금 / 꽃을 깨워요.

여름비가 / 쏴아아 / 논밭을 적셔요.

가을비가 / 살며시 / 단풍을 물들여요.*

겨울비가 / 소곤소곤 / 눈처럼 내려요.

그래도 나는 / 반짝반짝 햇살이 / 제일 좋아요.

* **물들이다** 빛깔이 스미게 하거나 퍼져서 묻게 하다.

독해 한 걸음 의미 단위로 끊어 읽기

뜻이 이어지는 말끼리 묶어 읽으면 문장의 뜻을 더 잘 알 수 있어요.
의미에 따라 자연스럽게 끊어 읽어 보세요.

 **붙임 딱지** 를 붙이며 문장을 끊어 읽는 연습을 해 보세요.

| ? | / | ? | / | ? |

 꼼꼼 질문

1 비가 내릴 때 느껴지는 모습은 어떤가요? 알맞은 것을 찾아 선으로 이으세요.

| 봄비 ● | ● 살금살금 |
| 겨울비 ● | ● 소곤소곤 |

꼼꼼 질문

2 '나'는 어떤 날씨를 가장 좋아하나요? 알맞은 것에 ◯ 하세요.

| 맑은 날 | 비 오는 날 |

 탐정 질문

3 '나'는 왜 햇살을 좋아할까요? 알맞은 것을 고르세요.　（　　　　）

① 반짝반짝 밝은 느낌을 주어서

② 듣기 좋은 소리가 나서

어휘와 문장 놀이

빠른 말놀이 발음이 어려운 문장을 또박또박 소리 내어 빠르게 읽어 보세요.

젤리 곰과 젤리 토끼

말랑말랑 젤리 마을에

주룩주룩 젤리 비가 내리자

말캉말캉 젤리 곰이 젤리 우산을 펼치고

쫀득쫀득 젤리 토끼가 종종종 뛰어와

젤리 곰과 젤리 토끼가 졸졸졸 빗속에서 춤춰요.

 같은 글자로 끝나는 말을 떠올리며 수수께끼의 답을 쓰세요.

 감인데 먹을 수 없는 **감**은?

 차인데 마실 수 없는 **차**는?

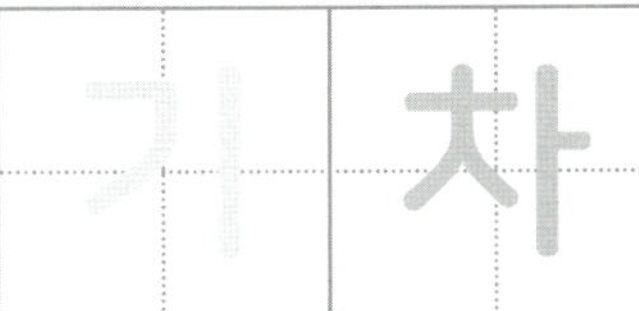
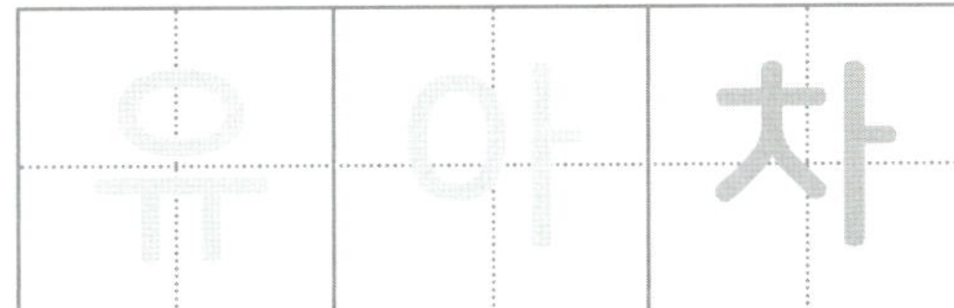

방울인데 소리가 나지 않는 **방울**은?

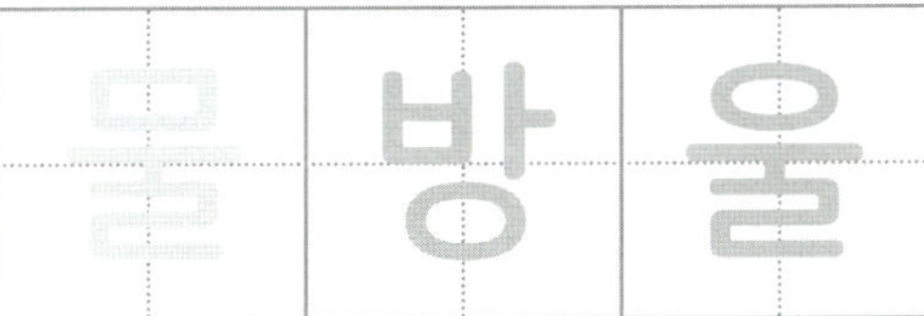
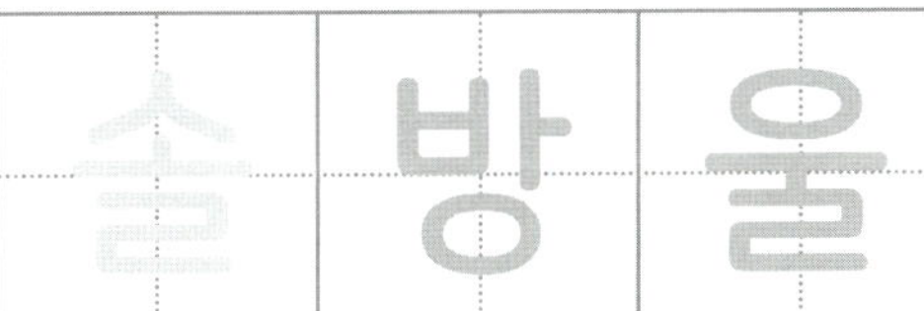

수탉과 돼지

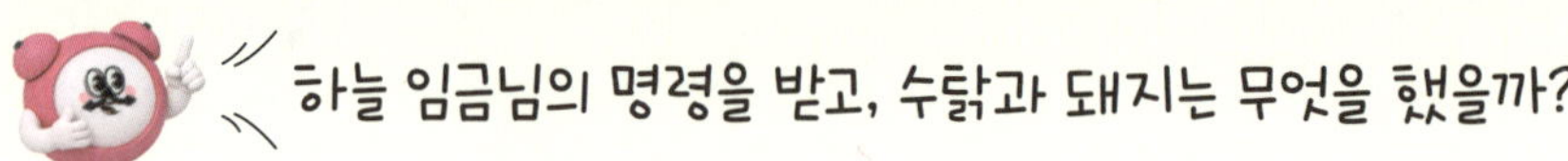

"수탉*과 돼지는 땅에 내려가서 사람들을 돕거라!"

하늘 임금님이 수탉과 돼지에게 말했어요.

수탉은 매일 아침 "꼬끼오!" 하고 크게 울어 사람들을 깨웠어요.

하지만 돼지는 잘생긴 코를 자랑하며 놀고먹었지요.

그 모습을 지켜보던 하늘 임금님은 수탉과 돼지를 다시 불렀어요.

하늘 임금님은 부지런한 수탉에게 빨간 볏*을 상으로 주었어요.

하지만 게으른 돼지에게는 코가 납작해지는 벌을 내렸지요.

* **수탉** 닭의 수컷.
* **볏** 닭의 이마 위에 세로로 붙은 살 조각.

 등장인물

이야기에 나오는 사람이나 동물 등을 '등장인물'이라고 해요.
'하늘 임금님', '수탉', '돼지'는 모두 이 이야기의 등장인물이에요.

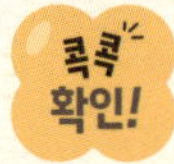
다음 중 '등장인물'을 나타내는 말에 밑줄을 그으세요.

수탉은 멋진 꼬리를 가지고 있어요.

꼼꼼 질문

1

수탉과 돼지는 땅에 내려가서 어떤 일을 했나요? 알맞은 것을 찾아 선으로 이으세요.

| 수탉 | • | | • | 코 자랑을 하며 놀고먹었어요. |
| 돼지 | • | | • | 매일 아침 사람들을 깨웠어요. |

꼼꼼 질문

2

하늘 임금님은 수탉에게 무엇을 주었나요? 알맞은 것에 ◯ 하세요.

| 빨간 모자 | 빨간 볏 |

탐정 질문

3

코가 납작해진 돼지는 어떤 모습을 보였을까요? 알맞은 것을 고르세요.

(   )

① 코가 보이지 않게 고개를 숙이고 부끄러워했을 거예요.

② 계속 코를 자랑했을 거예요.

토끼와 자라

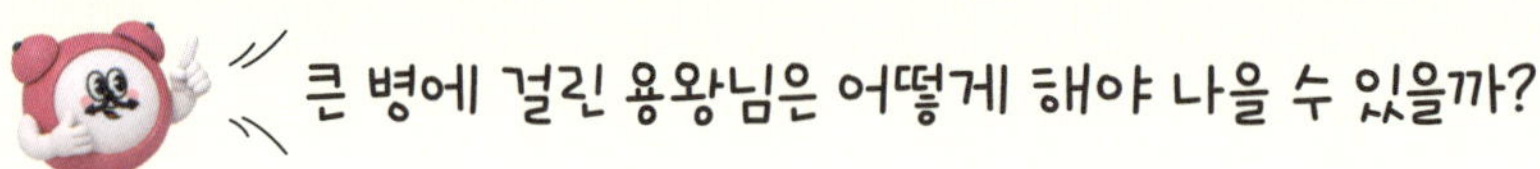

깊은 바닷속 용궁*에 사는 용왕님이 큰 병에 걸렸어요.

용왕님의 병을 고치려면 토끼의 간이 필요했어요.

그래서 용왕님은 자라에게 토끼를 데려오라고 했지요.

자라의 꾐*에 빠져 용궁으로 온 토끼는 속았다는 걸 깨달았어요.

"내 간은 너무 귀해서 숲속에 잘 숨겨 놓았어."

토끼가 꾀*를 내어 말했어요.

자라가 간을 가져오라며 토끼를 풀어 주자,

토끼는 숲으로 빠르게 도망갔어요.

* **용궁** 전설에서, 바닷속에 있다고 하는 용왕의 궁전.
* **꾐** 어떠한 일을 하도록 남을 꾀어 속이거나 부추기는 일.
* **꾀** 일을 잘 꾸며 내거나 해결해 내는 생각이나 방법.

독해 한걸음 인물의 말과 행동

이야기 속 인물의 말과 행동을 통해 성격이나 특징을 짐작할 수 있어요.
위험한 상황에서 꾀를 낸 토끼의 말과 행동으로 토끼가 영리하고 날쌔다는 것을 알 수 있어요.

콕콕 확인! 다음 중 '인물의 말과 행동'을 통해 성격이나 특징을 알 수 있는 것에 ◯ 하세요.

토끼는 숲속 깊은 동굴로 재빨리 숨었어요. ····················· (   )

동굴 입구에는 큰 바위가 있었어요. ····················· (   )

1 용왕님의 병을 고치려면 무엇이 필요했나요? 알맞은 것에 [붙임 딱지] 를 붙이세요.

토끼의 간

자라의 등딱지

2 토끼는 자라에게 무슨 말을 하고 도망갔나요? 알맞은 것에 색칠하세요.

내 간은 친구에게 맡겨 놓았어.

내 간은 숲속에 숨겨 놓았어.

3 자라가 도망가는 토끼를 쫓아갔다면 어떻게 됐을까요? 알맞은 것을 고르세요.   (   )

① 토끼가 너무 빨라 잡지 못했을 거예요.

② 자라가 더 빨리 쫓아가 다시 토끼를 잡았을 거예요.

네가 토끼라면 어떻게 빠져나올래?

소가 된 게으름뱅이

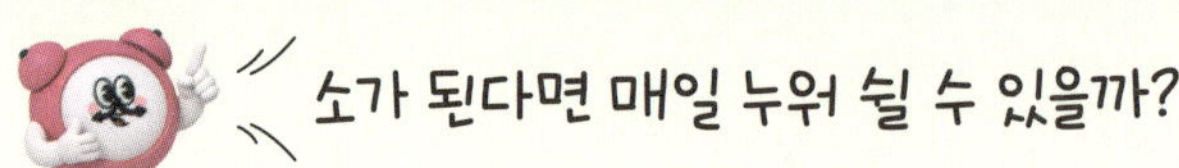

옛날에 소처럼 편하게 살고 싶은 게으름뱅이*가 있었어요.
어느 날 한 할아버지가 게으름뱅이에게 소머리 탈*을 건넸어요.
"이걸 머리에 쓰면 진짜 소가 될 수 있다네."

게으름뱅이가 신이 나서 얼른 탈을 쓰자, 정말 소로 변했어요.
할아버지는 소가 된 게으름뱅이를 농부에게 팔아 버렸지요.
하루 종일 일을 하게 된 게으름뱅이는 소가 된 걸 후회했어요.

* **게으름뱅이** 게으른 사람.
* **탈** 얼굴을 감추거나 달리 꾸미기 위하여 나무, 종이, 흙 등으로 만들어 얼굴에 쓰는 물건.

독해 한걸음 일어난 일(사건)

게으름뱅이가 소머리 탈을 쓰자 소로 변했어요.
이처럼 이야기에서는 주인공에게 어떤 변화나 일이 일어나요. 이런 일들을 사건이라고 해요.

 다음 중 '사건'을 나타내는 것에 O 하세요.

소가 된 게으름뱅이는 무를 먹자 다시 사람이 되었어요. ………… (　　　)

이제 게으름뱅이는 부지런히 살았어요. ………… (　　　)

1 게으름뱅이가 소머리 탈을 쓰자, 어떤 일이 일어났나요? 알맞은 것을 찾아 선으로 이으세요.

· 진짜 소로 변하고 말았어요.

· 소 인형으로 변하고 말았어요.

2 농부에게 팔려간 게으름뱅이는 무엇을 했나요? 알맞은 것에 ◯ 하세요.

풀밭에 누워 편하게 쉬었어요.

하루 종일 일을 했어요.

3 게으름뱅이가 다시 사람이 된다면 어떤 마음이 들까요? 알맞은 것을 고르세요.   (   )

① 다시 소가 되고 싶을 거예요.

② 다시는 소가 되고 싶지 않을 거예요.

너도 동물로 변해 보고 싶었던 적이 있니?

왕이 되고 싶은 까마귀

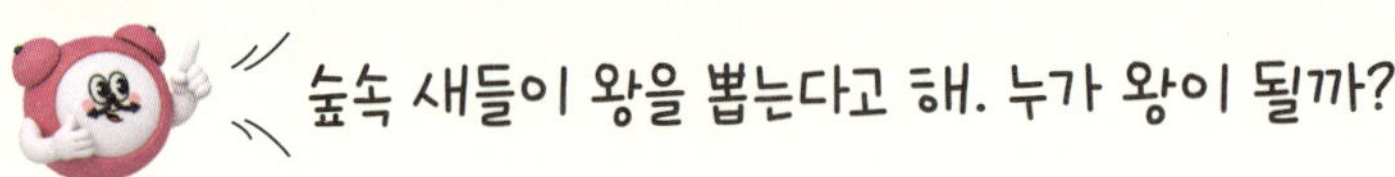

"가장 아름다운 새를 왕으로 뽑자!"

까마귀는 왕이 되고 싶었지만, 자신의 까만 깃털*이 멋져 보이지 않았어요.

그래서 다른 새들이 떨어뜨린 예쁜 깃털을 모아 몸에 붙였어요.

알록달록 멋지게 꾸민 까마귀는 결국 왕으로 뽑혔어요.

그런데 기뻐서 날개를 퍼덕이자*, 그만 가짜 깃털이 우수수 떨어졌어요.

까마귀는 친구들을 속인 것이 부끄러워 훌쩍 날아가 버렸답니다.

* **깃털** 새의 몸을 덮고 있는 털.
* **퍼덕이다** 큰 새가 가볍고 크게 날개를 치다.

독해 한걸음 중심 내용

이야기에서 읽는 사람에게 전하려는 뜻을 '중심 내용'이라고 해요.

까마귀는 자신의 진짜 모습이 아니라 가짜로 꾸며 친구들을 속인 것이 부끄러웠어요.

콕콕 확인! 다음 중 <왕이 되고 싶은 까마귀>의 '중심 내용'에 ◯ 하세요.

겉모습을 잘 꾸미는 게 중요해요. ⋯⋯⋯⋯⋯⋯⋯⋯⋯⋯ (   )

자기 모습을 있는 그대로 소중히 여겨야 해요. ⋯⋯⋯⋯⋯ (   )

1 새들은 어떤 새를 왕으로 뽑자고 했나요? 알맞은 것에 붙임 딱지 를 붙이세요.

가장 아름다운 새

가장 높이 나는 새

2 까마귀는 왕이 되기 위해 어떻게 했나요? 알맞은 것에 색칠하세요.

다른 새들의 깃털을
몸에 붙였어요.

예쁜 옷을 만들어
입었어요.

3 까마귀가 붙인 깃털이 떨어지는 것을 보고 다른 새들은 어떤 생각을 했을까요? 알맞은 것을 고르세요.   (   )

① 까마귀가 욕심을 부렸다고 생각했을 거예요.

② 깃털을 더 잘 붙여야 했다고 생각했을 거예요.

네가 까마귀라면 왕이 되기 위해 어떻게 할 거야?

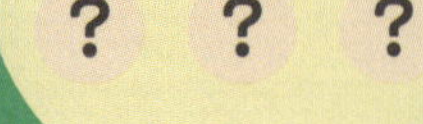

앞니 빠진 중강새

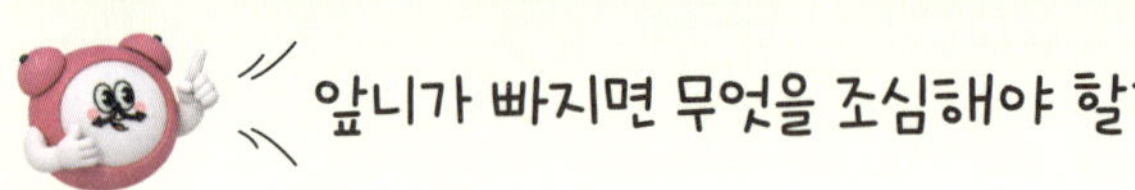

앞니 빠진 중강새* / 우물 곁에 가지 마라

붕어 새끼* 놀란다 / 잉어 새끼 놀란다

윗니 빠진 달강새* / 골방 속에 가지 마라

빈대한테 뺨 맞을라 / 벼룩이한테 차일라

앞니 빠진 중강새 / 닭장 곁에 가지 마라

암탉한테 차일라 / 수탉한테 차일라

* **중강새** 앞니 빠진 아이를 장난스럽게 부르는
  말로, 이가 빠져서 중간에 바람이 새는
  모습을 나타낸다.
* **새끼** 낳은 지 얼마 안 되는 어린 동물.
* **달강새** 젖니 빠진 아이를 장난스럽게 부르는 말로,
  윗니가 달랑달랑 흔들리는 모습을 나타낸다.

독해 한걸음 | **리듬 살려 끊어 읽기**

노랫말처럼 리듬이 있는 글은 비슷한 말이나 구조가 반복되기도 해요.
반복되는 부분을 묶어서 끊어 읽으면, 읽는 소리가 살아나고 뜻도 쉽게 알 수 있어요.

콕콕 확인!  **붙임 딱지** 를 붙이며 문장을 끊어 읽는 연습을 해 보세요.

?	/	?
송사리 도망간다	/	미꾸라지 도망간다

1 중강새가 우물 곁에 가면 누가 놀랄까요? 알맞은 것에 ◯ 하세요.

암탉과 수탉

붕어 새끼와 잉어 새끼

2 닭장 곁에 왜 가지 말아야 하나요? 알맞은 것을 찾아 선으로 이으세요.

암탉과 수탉에게 차일 수 있어서

달걀이 깨질 수 있어서

3 '앞니 빠진 중강새 숲속에 가지 마라' 뒤에는 어떤 말이 나올까요? 알맞은 것을 고르세요.　　　　　(　　　　)

① 밥솥에 빠질라 냄비에 데일라

② 여우가 쫓아올라 뱀에게 물릴라

너는 이가 빠지면 어떤 기분이 들 것 같니?

어휘와 문장 놀이

빠른 말놀이 발음이 어려운 문장을 또박또박 소리 내어 빠르게 읽어 보세요.

꿀꿀이와 꿀단지

꿀꿀이가 꿀단지의 꿀을 꿀꺽꿀꺽

꿀단지 속 꿀이 주르륵 줄줄

꿀꿀이 코끝에 꿀방울이 반짝

꿀꿀꿀 소리 내며 꿀을 할짝

꿀단지 쏙 비우고 배가 동글동글

꿀꿀이가 꿀꿀꿀 달콤하게 웃어요.

 같은 글자로 끝나는 말을 떠올리며 수수께끼의 답을 쓰세요.

 죽인데 먹을 수 없는 **죽**은?

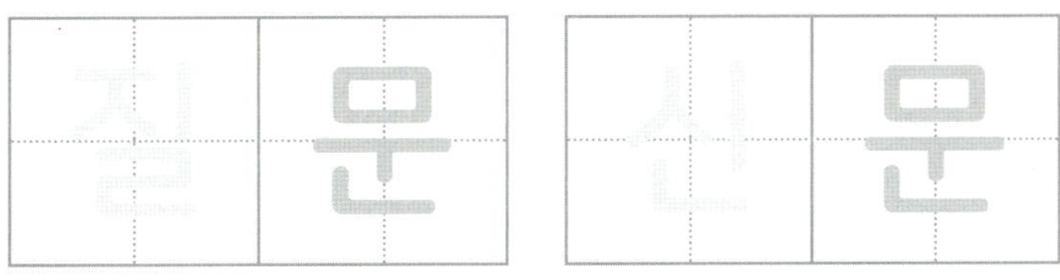 문인데 열고 닫을 수 없는 **문**은?

 배인데 먹을 수 없는 **배**는?

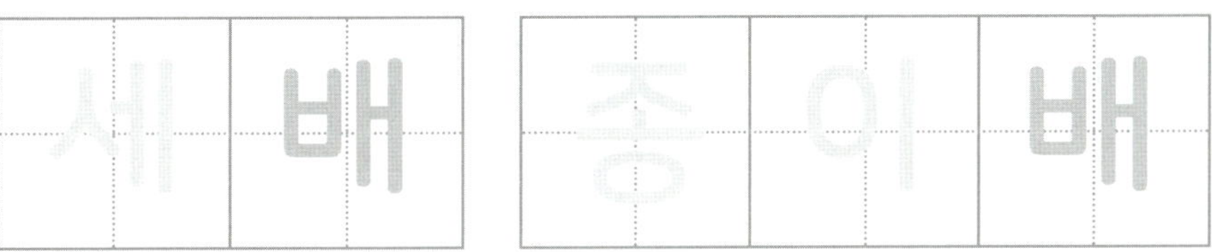

좁쌀 한 톨로 장가든 총각

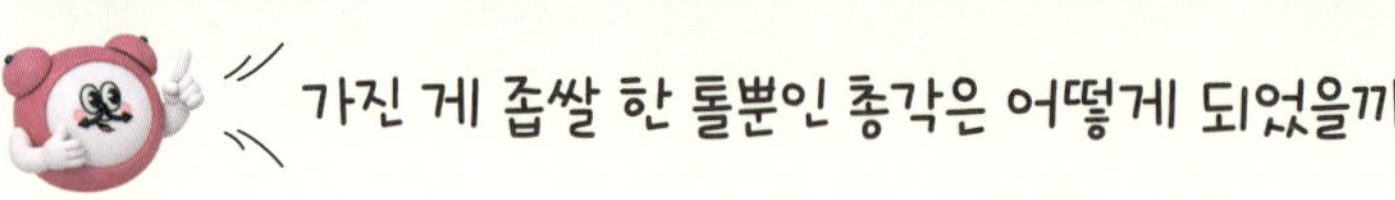

가난한 총각이 좁쌀* 한 톨을 가지고 과거*를 보러 떠났어요.
밤이 되자 총각은 주막*에 들러 주인에게 좁쌀 한 톨을 맡겼어요.
그런데 밤사이 쥐가 그 좁쌀 한 톨을 먹어 버렸지요.

다음 날, 주인은 좁쌀 대신 그 쥐를 잡아 총각에게 주었어요.
그런데 그 쥐는 고양이에게 잡아먹혔고, 그 고양이는 말에 밟혔어요.
또 그 말은 소에게 치여 쓰러졌고, 그 소를 부잣집 딸이 먹었어요.
결국 총각은 부잣집 딸과 결혼하게 되었답니다.

* **좁쌀** 조의 열매를 찧은 쌀.
* **과거** 옛날에 나라에서 일할 관리를 뽑을 때 보던 시험.
* **주막** 시골 길가에서 밥 등을 팔며, 돈을 받고 나그네를 묵게 하는 집.

독해 한 걸음 · **이야기의 순서**

이야기 속 어떤 일은 시간이 지나면서 다른 일들로 이어져요.
이 이야기에서는 좁쌀 한 톨이 쥐, 고양이, 말과 소로 이어지다가 총각과 부잣집 딸이 결혼하는
것으로 마무리돼요.

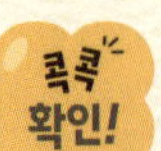

콕콕 확인! '이야기의 순서'를 떠올리며 먼저 일어난 일에 ○ 하세요.

주인은 잃어버린 좁쌀 대신 다른 좁쌀을 주려고 했어요. ·········· (   )

총각은 다른 좁쌀을 받지 않고 대신 쥐를 받았어요. ·············· (   )

1 총각은 과거를 보러 떠날 때 무엇을 가지고 떠났나요? 알맞은 것에 색칠하세요.

좁쌀 한 톨

쥐 한 마리

2 총각은 좁쌀 한 톨로 결국 무엇을 하게 되었나요? 알맞은 것을 찾아 선으로 이으세요.

- 맛있는 떡을 만들어 먹었어요.

- 부잣집 딸과 결혼했어요.

3 만약 쥐가 좁쌀을 먹어 버리지 않았다면 어떻게 되었을까요? 알맞은 것을 고르세요.   (   )

① 총각이 쥐에게 좁쌀을 주었을 거예요.

② 총각은 부잣집 딸과 결혼하지 못했을 거예요.

너라면 좁쌀 한 톨을 가지고 무엇을 할 거니?

젊어지는 샘물

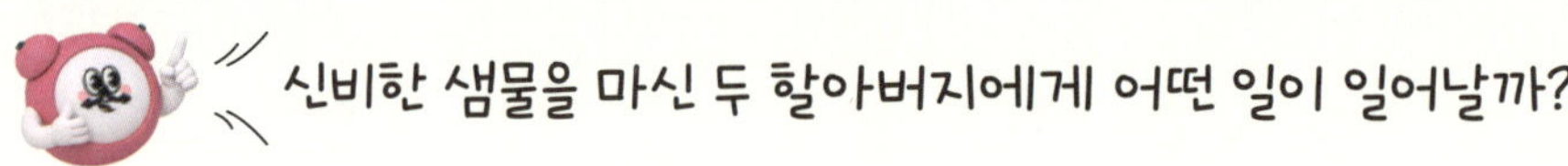

옛날 어느 깊은 산골 마을에 마음씨 착한 할아버지가 살았어요.
어느 날, 할아버지는 우연히 숲속에서 신비한 샘물*을 발견했어요.
샘물을 마시자, 할아버지의 머리카락이 까매지고 주름이 사라졌어요.

그 소문을 들은 욕심쟁이 할아버지도 샘물을 찾아가 마셨어요.
그러자 욕심쟁이 할아버지도 머리카락이 까매지고 주름이 사라졌어요.
"샘물을 좀 더 마시면 더 젊어질 수 있겠지?"
샘물을 마구 마시던 욕심쟁이
할아버지는 결국 갓난아이*가
되었답니다.

* **샘물** 땅 속에서 솟아 나오는 물.
* **갓난아이** 태어난 지 얼마 되지 않은 아이.

 **독해 한걸음** **같은 점과 다른 점**

두 할아버지는 샘물을 마신 뒤 머리카락이 까매지고 주름이 사라졌어요. 이것은 같은 점이에요.
하지만 욕심쟁이 할아버지만 샘물을 더 마시고 갓난아이가 된 것은 다른 점이에요.

콕콕 확인! **다음 중 '같은 점'을 나타내는 것에 ◯ 하세요.**

착한 할아버지와 욕심쟁이 할아버지는 산골 마을에 살았어요. ……… (   )

착한 할아버지는 남을 돕고, 욕심쟁이 할아버지는 돕지 않았어요. …… (   )

1 착한 할아버지는 숲속에서 무엇을 발견했나요? 알맞은 것에 붙임 딱지를 붙이세요.

보물이 가득 든 상자

젊어지는 샘물

2 욕심쟁이 할아버지는 왜 샘물을 더 마셨나요? 알맞은 것에 ◯ 하세요.

더 젊어지고 싶어서

목이 너무 말라서

3 욕심쟁이 할아버지는 왜 소문을 듣고 샘물을 찾아갔을까요? 알맞은 것을 고르세요.   (   )

① 착한 할아버지처럼 젊어지고 싶어서

② 착한 할아버지가 샘물을 다 마셔 버릴까 봐 걱정되어서

너도 욕심을 부려서 후회한 적이 있니?

47

걸리버 여행기

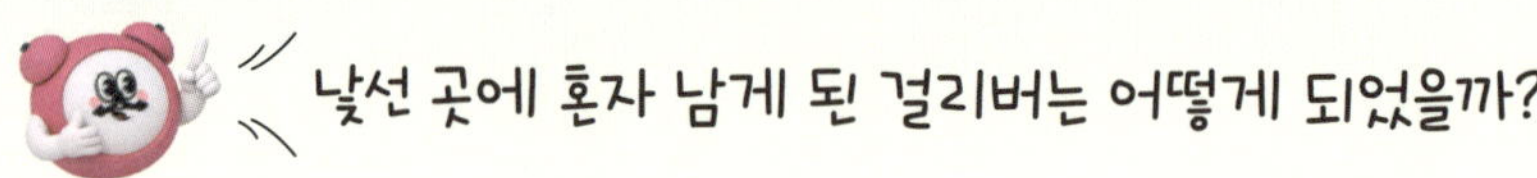

배가 폭풍*에 부서지고, 걸리버는 홀로 섬으로 떠밀려 와 잠이 들었어요.

걸리버가 눈을 떴을 때, 온몸이 밧줄로 꽁꽁 묶여 있었지요.

"움직이지 마!" 작은 사람들이 까만 눈을 반짝이며 소리쳤어요.

"나는 나쁜 사람이 아니야. 난 너희를 도울 수 있어."

작은 사람들은 걸리버의 말을 믿고 밧줄을 풀어 주었어요.

그 뒤로 걸리버는 작은 사람들이 전쟁에서 이길 수 있도록 힘껏 도왔어요.

걸리버는 작은 사람들의 든든한*

친구가 되었지요.

* **폭풍** 매우 세차게 부는 바람.
* **든든하다** 어떤 것에 대한 믿음으로
 마음이 허전하거나 두렵지 않고
 굳세다.

독해 한 걸음 **문제와 해결**

이야기 속 등장인물이 겪는 어려운 일을 '문제'라고 해요.
또 그 문제를 풀어나가는 것은 '해결'이라고 해요.

 **다음 중 '문제와 해결'을 나타내는 것에 ◯ 하세요.**

전쟁이 일어나자, 걸리버는 큰 몸으로 적들을 막아 냈어요. ······ (   )

작은 사람들은 걸리버에게 고마워했어요. ················· (   )

꼼꼼 질문

1 **걸리버는 왜 홀로 섬에 떠밀려 오게 되었나요? 알맞은 것에 색칠하세요.**

배가 커다란 고래와 부딪쳐서

배가 폭풍에 부서져서

꼼꼼 질문

2 **이 글의 내용으로 맞으면 ◯, 틀리면 ✕ 하세요.**

걸리버는 작은 사람들을 도왔어요. .... ☐

작은 사람들은 걸리버를 감옥에 가두었어요. .... ☐

탐정 질문

3 **작은 사람들은 왜 걸리버를 밧줄로 묶었을까요? 알맞은 것을 고르세요.**

(　　　　　)

① 걸리버가 움직이지 않고 잠을 잘 자게 하려고

② 걸리버가 너무 커서 무서웠기 때문에

네가 걸리버라면 작은 사람들을 어떻게 돕고 싶니?

쇠 먹는 괴물

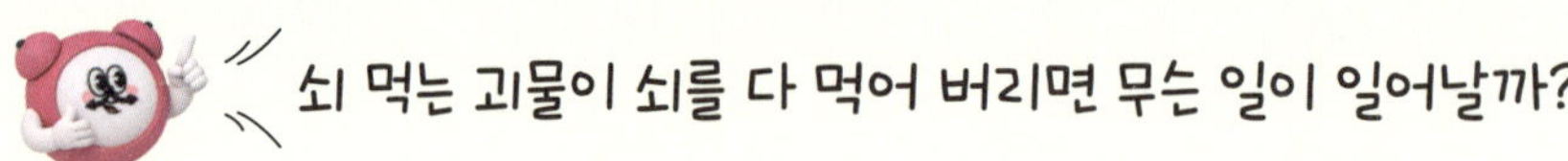

어느 날, 한 스님*이 밥알로 작은 인형을 만들었어요.

그런데 인형이 꿈틀꿈틀 움직이더니 살아 났어요.

밥알 인형은 쇠*를 좋아해서 쇠로 된 것을 마구 먹었어요.

그렇게 쇠를 먹은 밥알 인형은 점점 커졌어요.

결국 산만큼 큰 괴물이 되었지요.

군인들이 막으려 애썼지만, 괴물은 무기도 다 먹어 버렸어요.

다행히 스님은 쇠 먹는 괴물이 불을 무서워한다는 걸 알아냈어요.

스님이 큰 불을 밝히자, 괴물은

다시 스르륵 작아졌답니다.

* **스님** 절에서 살며 부처님의 가르침을 따르는 사람.
* **쇠** 가위나 못 같은 것을 만들 때 쓰는 재료로 '철'을 말함.

독해 한걸음 **까닭과 결과**

'까닭'은 일이 일어난 이유이고, '결과'는 그로 인해 일어난 일을 말해요.
밥알 인형이 쇠를 좋아한 것이 까닭이고, 그래서 쇠로 된 것을 마구 먹은 것은 결과예요.

 **콕콕 확인!** **다음 중 '까닭'을 나타내는 말에 밑줄을 그으세요.**

밥알 인형은   쇠를 먹으면 힘이 나서   쇠로 된 것을 찾아다녔어요.

꼼꼼 질문

1 스님은 무엇을 만들었나요? 알맞은 것에 ◯ 하세요.

| 밥알 인형 | 점토 인형 |

꼼꼼 질문

2 쇠 먹는 괴물은 무엇을 무서워했나요? 알맞은 것에 붙임 딱지 를 붙이세요.

| 불을 무서워했어요. | 햇빛을 무서워했어요. |

탐정 질문

3 쇠 먹는 괴물이 군인들의 무기를 다 먹어 버렸을 때 군인들의 기분은 어땠을까요? 알맞은 것을 고르세요.   (   )

① 맞서 싸울 무기가 없어서 무서웠을 거예요.

② 배가 고픈 괴물이 안타까웠을 거예요.

넌 무엇을 가장 무서워하니?

북풍이 준 선물

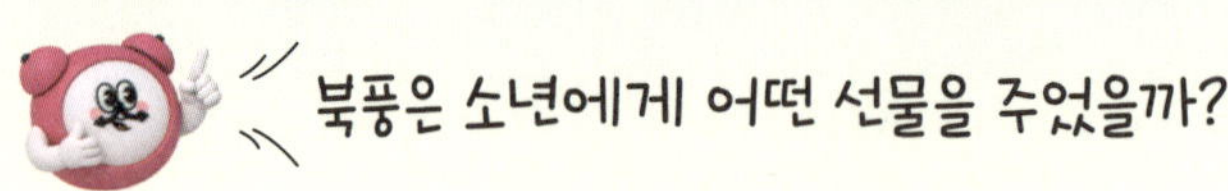

북풍은 소년에게 어떤 선물을 주었을까?

북풍*이 소년의 밀가루를 / 모두 날려 버렸어요.

"내 밀가루를 돌려주세요!" / 소년이 / 슬프게 외쳤어요.

북풍은 소년에게 밀가루 대신 / 음식이 저절로 차려지는 요술 식탁보*를 /

선물했어요.

그런데 / 욕심 많은 여관* 주인이 / 요술 식탁보를 / 몰래 훔쳐 갔어요.

그것도 모자라 / 북풍이 소년에게 준 두 번째 선물까지 / 훔쳤지요.

그러자 북풍은 / '지팡이야, 때려라!'라고 말하면 /

사람을 때리는 요술 지팡이를 / 소년에게 주었어요.

소년은 / 그 요술 지팡이로 /

여관 주인을 혼내 주었답니다.

* **북풍** 북쪽에서 불어오는 바람.
* **식탁보** 식탁에 까는 널따란 보자기.
* **여관** 일정한 돈을 받고 손님을 묵게 하는 집.

 ## 느낌 살려 끊어 읽기

이야기 속 등장인물의 상황을 생각하며 감정을 살려 끊어 읽어요.
등장인물의 감정을 실감나게 표현해 보면 이야기가 더욱 생생하게 느껴질 거예요.

 붙임 딱지 를 붙이며 문장을 끊어 읽는 연습을 해 보세요.

?	/	?	/	?

1 북풍은 무엇을 모두 날려 버렸나요? 알맞은 글자를 따라 쓰세요.

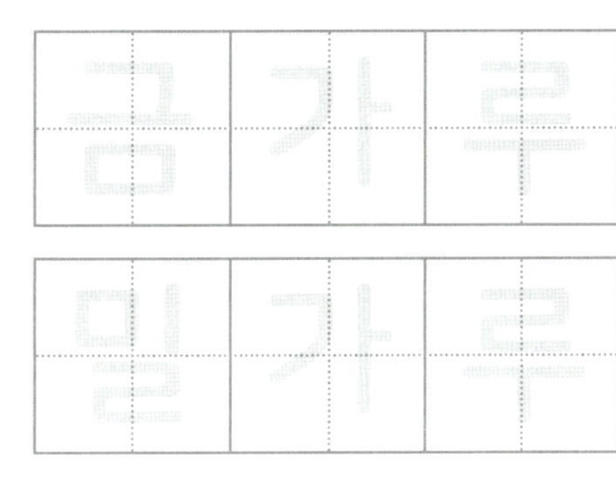

밀가루

를 날려 버렸어요.

2 북풍은 소년에게 밀가루 대신 무엇을 선물했나요? 알맞은 것에 색칠 하세요.

요술 식탁보

요술 지팡이

3 북풍은 왜 소년에게 요술 지팡이를 주었을까요? 알맞은 것을 고르세요.

(   )

① 집까지 가는 먼 길을 편하게 가라고

② 소년에게 준 선물을 훔쳐 간 도둑을 혼내 주려고

누군가 네 물건을 훔쳐 간다면 어떻게 할 거니?

어휘와 문장 놀이

빠른 말놀이 발음이 어려운 문장을 또박또박 소리 내어 빠르게 읽어 보세요.

안 촉촉한 초코칩과 촉촉한 초코칩

안 촉촉한 초코칩 나라에 살던

안 촉촉한 초코칩이

촉촉한 초코칩 나라에 갔어.

촉촉한 초코칩들이 안 촉촉한 초코칩을 보고 반겼지.

촉촉한 초코칩이 촉촉촉 웃자

안 촉촉한 초코칩도 초코초코 웃었어.

 같은 글자로 끝나는 말을 떠올리며 수수께끼의 답을 쓰세요.

 깨인데 먹을 수 없는 **깨** 는?

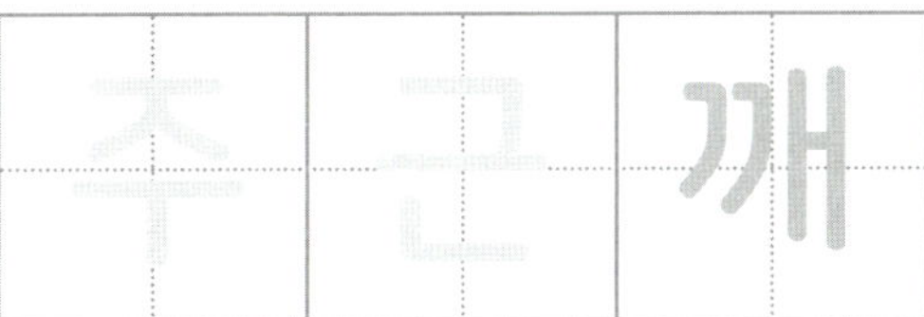

물인데 마실 수 없는 **물** 은?

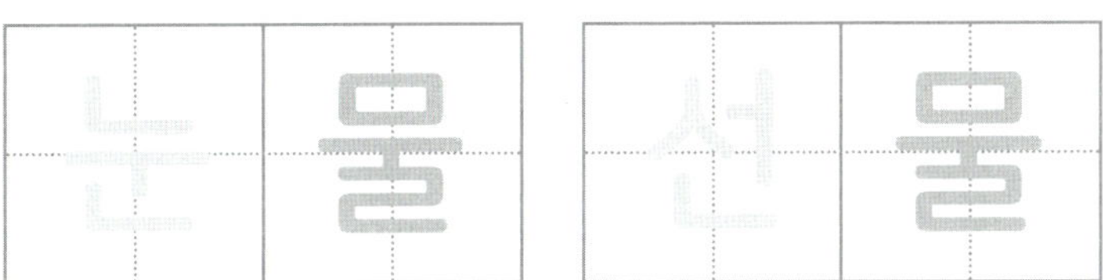

불인데 뜨겁지 않은 **불** 은?

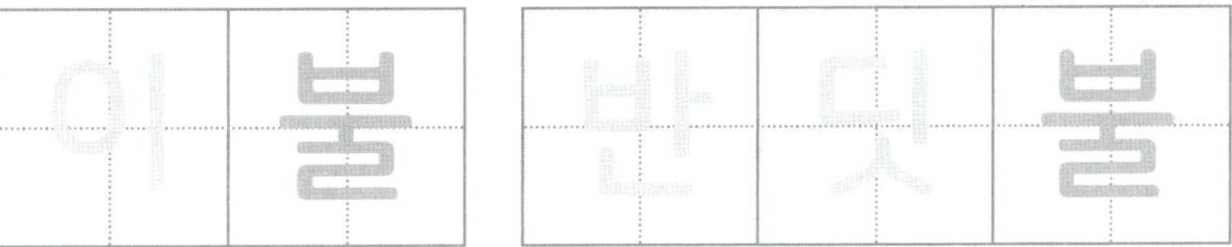

백조 왕자

o 다음 책을 읽고 문제에 답해 보세요.

옛날 어느 왕국에 열한 명의 왕자와 엘리자 공주가
행복하게 살고 있었어요.
그런데 왕비가 세상을 떠나자 왕은 새 왕비를 맞이했어요.
마음씨 고약한 새 왕비는 엘리자를 먼 시골로 내쫓았어요.
그리고 왕자들에게도
마법을 걸었지요.
"말 못하는 백조가 되어
날아가라!"

1 새 왕비는 엘리자에게 무엇을 했나요? 알맞은 것에 ○ 하세요.

마법을 걸어 백조로 만들었어요.

먼 시골로 내쫓았어요.

이곳저곳을 헤매던 엘리자는 오빠들을 찾기로 했어요.
그때 한 할머니가 엘리자에게 다가와 말했어요.
"연못으로 가 보렴. 열한 마리의 백조들이 있더구나."
할머니의 말을 듣고, 엘리자는 연못으로 갔어요.
밤이 되자, 열한 마리의 백조들은 하나둘
사람으로 변했어요.
바로 오빠들이었어요.

2 엘리자가 오빠들을 찾은 곳은 어디인가요? 알맞은 것의 글자를 따라 쓰세요.

엘리자는　　　　　　　에서 오빠들을 찾았어요.

그날 밤, 엘리자의 꿈에 요정이 나타나 말했어요.

"쐐기풀로 옷을 만들어 백조들에게 던지면 마법이 풀릴

거야. 단, 옷을 다 만들기 전까지 절대 말을 하면 안 돼."

엘리자는 쐐기풀에 손이 찔려도 꾹 참고 옷을 만들었어요.

사람들은 무덤가에서 쐐기풀을 뜯는 엘리자를 마녀라고

생각했어요.

엘리자는 억울했지만 아무 말도 할 수 없었지요.

3 엘리자는 왜 쐐기풀로 옷을 만들었을까요? 알맞은 것에 색칠하세요.

오빠들을 따뜻하게 하기 위해

오빠들의 마법을 풀기 위해

결국 엘리자는 마녀로 오해받아 벌을 받게 되었어요.

그때 백조들이 날아와 엘리자를 빙 둘러쌌어요.

엘리자는 재빨리 백조들에게 쐐기풀로 짠 옷을 던졌지요.

그러자 백조들은 다시 멋진 왕자로 돌아왔어요.

그제야 사람들은 엘리자가 마녀가 아니라는 걸 알게 됐어요.

그 뒤로 엘리자는 오빠들과 행복하게 살았어요.

○ 책을 다 읽고 **붙임 딱지** 를 붙이세요!

4  엘리자가 백조들에게 옷을 던지지 않았다면 어떻게 되었을까요? 알맞은
것을 고르세요.　　　　　　　　　　　　　　　　　　　　(　　　　　)

① 계속 마녀로 오해받아 벌을 받았을 거예요.

② 쐐기풀로 짠 옷을 직접 입었을 거예요.

③ 사람들에게 쐐기풀로 짠 옷을 나누어 주었을 거예요.

양치기 소년

○ 다음 책을 읽고 문제에 답해 보세요.

어느 한적한 시골 마을에 양치기 소년이 살았어요.

소년은 매일 언덕에 올라 혼자 양을 돌봤어요.

하지만 양을 지키는 일은 너무나도 따분했어요.

"아, 심심해! 뭐 신나는 일 없을까?"

그때 소년은 문득 재미있는

장난이 떠올랐어요.

1 양치기 소년은 양 지키는 일을 어떻게 생각했나요? 알맞은 것에 ○ 하세요.

즐겁다고 생각했어요.

따분하다고 생각했어요.

소년은 마을을 향해 큰 소리로 외쳤어요.
"늑대다! 늑대가 나타났다!"
마을 사람들은 깜짝 놀라 헐레벌떡 달려왔어요.
하지만 늑대는 없었지요.
사람들은 투덜대며 돌아갔어요.

양치기 소년

2 양치기 소년이 마을을 향해 큰 소리로 외치자 누가 달려왔나요? 알맞은 것을 찾아 선으로 이으세요.

마을 사람들

양치기 소년의 친구들

며칠 뒤, 양치기 소년은 또 같은 장난을 쳤어요.

이번에도 마을 사람들이 급히 달려왔지요.

하지만 늑대는 없고, 양들이 평화롭게 풀을 뜯고 있을

뿐이었어요.

"또 거짓말을 친 거냐!"

마을 사람들은 화를 내며 돌아갔어요.

3 이 글의 내용으로 맞으면 ⭘, 틀리면 ✕ 하세요.

양치기 소년은 매번 다른 장난을 쳤어요. ....

마을 사람들이 도착했을 때 늑대는 없었어요. ....

그러던 어느 날, 진짜로 늑대가 나타났어요.

"늑대다! 늑대가 나타났다!"

양치기 소년은 마을을 향해 크게 소리쳤어요.

하지만 아무도 오지 않았어요.

마을 사람들은 양치기 소년을 믿지 않았거든요.

결국 양들은 늑대에게 잡아먹히고 말았지요.

○ 책을 다 읽고 **붙임 딱지** 를 붙이세요!

4 양치기 소년은 늑대에게 양을 잃고 어떤 생각을 했을까요? 알맞은 것을 고르세요. (   )

① 늑대를 직접 잡으러 가야겠어.

② 다음에 또 한 번 장난을 쳐야지.

③ 다시는 거짓말을 하지 말아야지.

임금님 귀는 당나귀 귀

○ 다음 책을 읽고 문제에 답해 보세요.

옛날에 귀가 당나귀 귀처럼 긴 임금님이 살았어요.

임금님은 모자 만드는 할아버지를 불렀어요.

"내 귀를 가릴 수 있도록 아주 큰 모자를 만들거라.

그리고 다른 사람에게 절대 내 귀에 대해 말하면 안 된다.

말하면 아주 큰 벌을 내리겠다."

1 임금님은 어떤 모자를 만들게 했나요? 알맞은 것에 붙임 딱지 를 붙이세요.

눈이 부실 만큼 반짝이는 모자

귀를 가릴 수 있는 아주 큰 모자

할아버지는 임금님의 비밀을 마음속에만 담아 두는 것이
너무 답답했어요.
사실을 말하고 싶어 병이 날 지경이었지요.
그래서 할아버지는 대나무 숲으로 갔어요.
대나무 숲속에서 참고 참았던 말을 크게 외쳤어요.
"임금님 귀는 당나귀 귀다!"

2 할아버지는 임금님의 비밀을 외치기 위해 어디로 갔나요? 알맞은 것을 찾아 선으로 이으세요.

높은 산꼭대기

대나무 숲속

그런데 그 뒤부터 이상한 일이 생겼어요.

바람이 불 때마다 대나무 숲에서 이상한 소리가 들렸지요.

"임금님 귀는 당나귀 귀다!"

소문은 금세 퍼져 모두 임금님의 비밀을 알게 되었어요.

임금님은 온 세상에 비밀이 알려지자 몹시 부끄러웠어요.

3 바람이 불 때면 대나무 숲에서 어떤 소리가 들렸나요? 알맞은 것에 색칠하세요.

임금님 귀는 토끼 귀다!

임금님 귀는 당나귀 귀다!

그때 한 신하가 임금님을 찾아왔어요.

"임금님의 큰 귀는 백성들의 목소리를 더 잘 들을 수 있을 것입니다."

신하의 말을 들은 임금님은 고개를 끄덕였어요.

임금님은 백성들의 말에 더욱 귀 기울이는 훌륭한 왕이 되었어요.

○ 책을 다 읽고 **붙임 딱지** 를 붙이세요!

4 신하의 말을 듣고 임금님은 자신의 귀를 어떻게 했을까요? 알맞은 것을 고르세요.　　　　　　　　（　　　　　）

① 모자로 계속 숨겼을 거예요.

② 더 이상 감추지 않았을 거예요.

③ 머리카락을 길러서 가렸을 거예요.

신데렐라

○ 다음 책을 읽고 문제에 답해 보세요.

옛날 옛날에 신데렐라라는 착한 소녀가 있었어요.
신데렐라는 새어머니와 두 언니랑 함께 살았어요.
새어머니와 언니들은 신데렐라를 구박했어요.
"신데렐라, 얼른 청소해!"
신데렐라는 혼자서 매일 많은
집안일을 했지요.

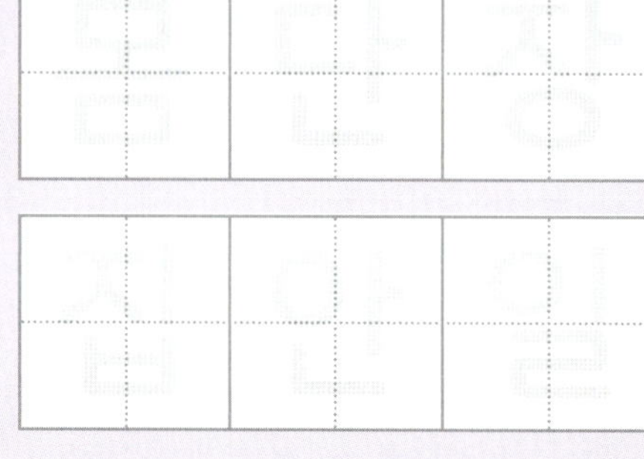

1 신데렐라는 매일 무엇을 했나요? 알맞은 글자를 따라 쓰세요.

신데렐라는 매일 　　　　　　　　　을 했어요.

어느 날, 궁전에서 무도회가 열린다는 소식이 전해졌어요.

새어머니와 언니들은 신데렐라만 집에 남겨 두고

무도회장으로 떠났어요.

신데렐라가 훌쩍이고 있는데 어디선가 요정이 나타났어요.

요정은 호박을 마차로, 생쥐를 마부로, 신데렐라의 옷을

예쁜 드레스로 바꾸어 주었어요.

"반드시 밤 열두 시에는

돌아와야 해!"

요정이 말했어요.

2 누가 신데렐라를 도와주었나요? 알맞은 것에 ◯ 하세요.

언니들

요정

무도회장에서 왕자는 신데렐라를 보고 첫눈에 반했어요.
"아름다운 아가씨, 저와 함께 춤추시겠어요?"
그때 밤 열두 시를 알리는 종소리가 들렸어요.
신데렐라는 깜짝 놀라 급히 돌아가다가 유리 구두 한 짝을
떨어뜨리고 말았어요.

3 신데렐라는 언제 무도회장을 나왔나요? 알맞은 것에 붙임 딱지 를 붙이세요.

밤 열두 시

밤 열 시

왕자는 신데렐라를 잊을 수 없었어요.

"이 구두가 꼭 맞는 사람을 내 신부로 삼겠소!"

신하들은 구두 주인을 찾아 신데렐라의 집에도 왔어요.

언니들이 구두를 신어 보았지만 발에 맞지 않았어요.

마지막으로 신데렐라가 구두를 신자 꼭 맞았지요.

신데렐라와 왕자는 결혼해 행복하게 살았답니다.

○ 책을 다 읽고 **붙임 딱지** 를 붙이세요!

4 구두가 신데렐라의 발에 꼭 맞았을 때, 언니들의 마음은 어땠을까요? 알맞은 것을 고르세요.　　　　　（　　　　　）

① 신데렐라가 부러웠을 거예요.

② 신데렐라를 도와주고 싶었을 거예요.

③ 신데렐라가 자랑스러웠을 거예요.

빨간 모자

○ 다음 책을 읽고 문제에 답해 보세요.

어느 마을에 빨간 모자를 쓴 여자아이가 살았어요.

마을 사람들은 아이를 '빨간 모자'라고 불렀지요.

어느 날 엄마가 빨간 모자에게 말했어요.

"할머니가 아프시니, 이 빵과 우유를 갖다 드리렴."

빨간 모자는 노래를 부르며

숲길을 걸어갔어요.

1 엄마는 빵과 우유를 누구에게 갖다 드리라고 했나요? 알맞은 것을 찾아 선으로 이으세요.

할머니

마을 사람들

그때 늑대가 다가와 친절한 목소리로 물었어요.

"빨간 모자야, 어디 가니?"

"할머니 댁에 가요."

"그래? 저기 예쁜 꽃을 갖다 드리면 할머니가 좋아하실 거야."

빨간 모자가 꽃을 따는 사이,
늑대는 할머니 집으로
달려가 할머니를 꿀꺽
삼켜 버렸어요.

2 글의 내용으로 맞으면 ◯, 틀리면 ✕ 하세요.

늑대는 빨간 모자에게 무섭게 겁을 주었어요. ⋯⋯⋯⋯⋯⋯⋯⋯ ☐

빨간 모자는 할머니에게 드릴 꽃을 땄어요. ⋯⋯⋯⋯⋯⋯⋯⋯ ☐

빨간 모자가 할머니 집에 도착했을 때, 늑대는 할머니의
옷을 입고 이불 속에 누워 있었어요.
빨간 모자는 어딘가 달라진 할머니의 모습에 갸우뚱했어요.
"할머니, 입이 왜 이렇게 커요?"
"그건 바로 너를 잡아먹기 위해서지!"
늑대가 벌떡 일어나 빨간 모자를 순식간에 삼켜 버렸어요.

3 이불 속에는 누가 누워 있었나요? 알맞은 것에 색칠하세요.

할머니

늑대

드르렁, 배부른 늑대는 코를 골며 잠이 들었어요.

그때 지나가던 사냥꾼이 늑대를 잡아 배를 갈랐어요.

그 안에서 할머니와 빨간 모자가 무사히 나왔지요.

사냥꾼은 늑대의 배에 돌을 가득 넣고 꿰맸어요.

잠에서 깬 늑대는 물을 마시려다, 배가 무거워 우물에

풍덩 빠지고 말았답니다.

○ 책을 다 읽고 **붙임 딱지** 를 붙이세요!

4 사냥꾼은 왜 늑대의 배에 돌을 넣고 꿰맸을까요? 알맞은 것을 고르세요.

( )

① 늑대가 돌을 좋아해서

② 늑대는 배가 불러야 잠을 잘 자서

③ 할머니와 빨간 모자가 배에서 빠져 나온 것을 모르게 하려고

어휘와 문장 놀이

빠른 말놀이 발음이 어려운 문장을 또박또박 소리 내어 빠르게 읽어 보세요.

앞집 팥죽 뒷집 팥죽

앞집 팥죽은 붉은 팥죽,

뒷집 팥죽은 흰 팥죽,

앞집 붉은 팥죽 팔팔 끓이고,

뒷집 흰 팥죽 펄펄 끓이고,

붉은 팥죽 한 숟갈,

흰 팥죽 한 숟갈,

앞집 뒷집 팥죽 냠냠 맛있다.

 같은 글자로 끝나는 말을 떠올리며 수수께끼의 답을 쓰세요.

 집인데 들어가서 살 수 없는 **집**은?

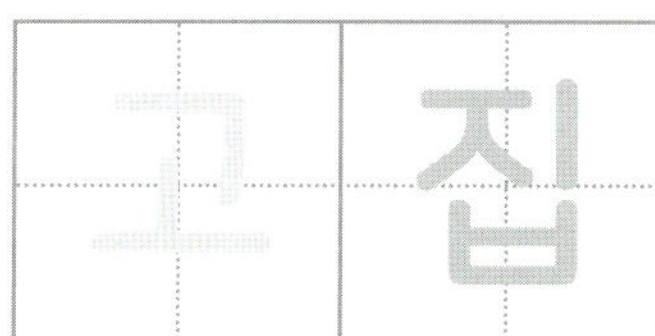

 말인데 달릴 수 없는 **말**은?

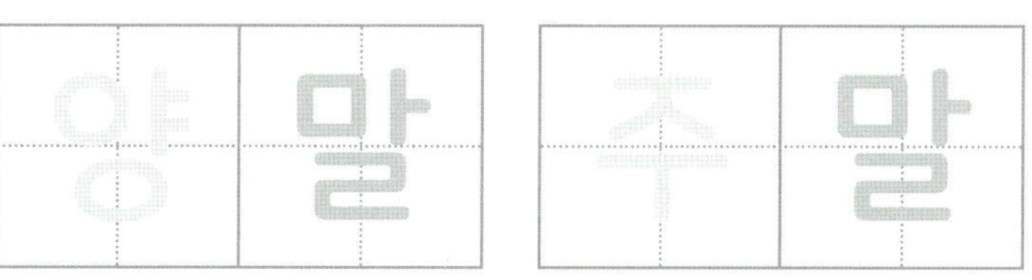

 비인데 맞아도 젖지 않는 **비**는?

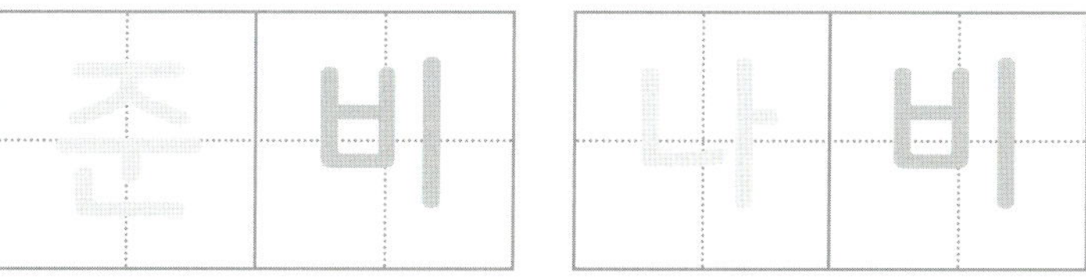

해답과 도움말

📖 8~9쪽

높은 곳에 있는 포도를 먹지 못한 여우가 "저 포도는 틀림없이 실 거야."라고 말하며 포도를 뒤로한 채 길을 떠나는 이야기입니다.

이 글을 읽을 때에는 문장에서 누가 어떤 행동을 했는지, 즉 '누가 어찌했는지'를 살펴보게 해 주세요. '누가 어찌했을까?'를 떠올리며 읽으면 문장의 의미를 더 정확하게 파악할 수 있습니다.

📖 10~11쪽

팥죽을 끓이던 할머니를 찾아온 호랑이를 알밤과 송곳이 힘을 합쳐 물리치고, 놀란 호랑이가 도망가는 이야기입니다.

이 글에서는 행동이나 움직임이 어떤 모습으로 이루어지는지를 나타내는 '어떻게 어찌하다' 표현을 살펴볼 수 있습니다. '보글보글'이나 '벌컥'과 같이 행동이나 움직임의 모습을 나타내는 말을 찾으며 읽어 보게 해 주세요.

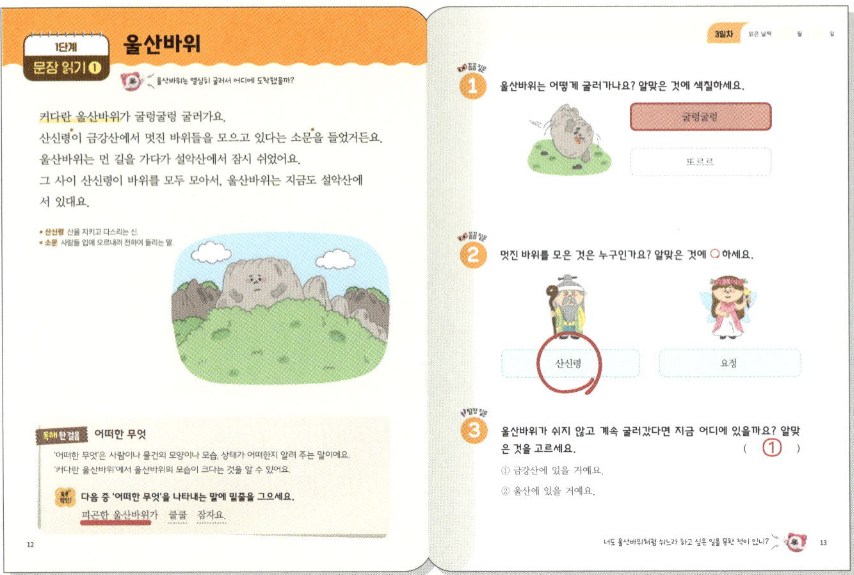

📖 12~13쪽

금강산으로 가던 울산바위가 설악산에서 잠시 쉬는 사이 산신령이 바위를 모두 모아, 울산바위가 설악산에 남게 되었다는 이야기입니다.

이 글에서는 사람이나 물건의 모양이나 모습, 상태가 어떠한지 알려 주는 '어떠한 무엇' 표현을 살펴볼 수 있습니다. '커다란 울산바위'처럼 대상을 꾸며 주는 말을 찾으며 글의 내용을 이해하게 해 주세요.

4일차

📖 14~15쪽

숲속 노래자랑에서 황새가 공정하게 심판하지 않자 화가 난 새들이 황새의 목을 잡아당겨 황새 목이 길어졌다는 이야기입니다.

이 글에서는 궁금한 것을 묻는 '묻는 말'을 살펴볼 수 있습니다. '황새 목은 왜 길어졌을까?'처럼 궁금한 것을 묻는 문장에 물음표(?)가 쓰인다는 것을 알고, '꾀꼬리는 어떻게 노래했을까?'와 같이 묻는 말을 찾아볼 수 있습니다.

5일차

📖 16~17쪽

농부가 황금 알을 낳는 거위를 기르고 있었지만, 욕심을 부려 거위의 배를 갈랐다가 아무것도 얻지 못하게 되었다는 이야기입니다.

이 글에서는 문장을 어절 단위로 나누어 끊어 읽는 방법을 배웁니다. 어절은 띄어 쓴 말을 기준으로 나누어지므로 '/' 표시가 있는 곳에서 잠깐 멈추고 이어서 읽으면 문장의 뜻을 더 쉽게 이해할 수 있습니다.

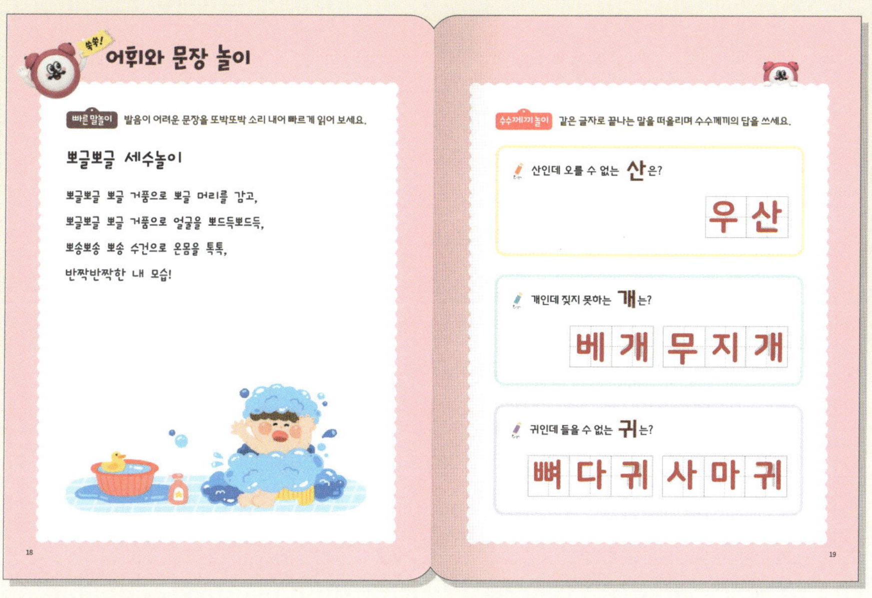

쑥쑥! 어휘와 문장 놀이

📖 18~19쪽

빠른 말놀이에서는 거품으로 머리와 얼굴을 씻고 수건으로 닦아 깨끗해지는 모습을 재미있게 표현하고 있습니다. 글을 읽을 때는 '뽀글뽀글, 뽀송뽀송, 반짝반짝'처럼 소리나 모습을 흉내 내는 말을 찾으며 읽어 보게 해 주세요.

수수께끼 놀이는 같은 글자로 끝나는 말을 떠올려 답을 쓰는 활동이므로 정해진 답 외에도 여러 가지 답이 나올 수 있습니다.

📖 20~21쪽

구둣방 할아버지가 잠든 사이 작은 요정들이 나타나 구두를 만들어 주는 이야기입니다.
이 글에서는 문장과 문장을 이어 주는 말을 살펴봅니다. 글을 읽으며 '하지만'과 '그리고'가 어떻게 쓰이면서 이야기의 흐름을 자연스럽게 이어 주는지 살펴보게 해 주세요.

📖 22~23쪽

크리스마스 선물로 받은 호두까기 인형이 클라라와 함께 춤을 추고 생쥐 왕과 싸우지만, 다음 날 아침 클라라가 이 모든 것이 꿈이라는 것을 알게 되는 이야기입니다.
이 글을 읽으며 '그날 밤', '다음날 아침'처럼 시간을 나타내는 말을 찾아보게 해 주세요. 시간을 나타내는 말을 알면 사건이 언제 일어났는지, 또 어떤 순서로 이어지는지 이해하는 데 도움이 됩니다.

📖 24~25쪽

깊은 동굴에 갇힌 알라딘이 요술 램프를 문지르자 거인 요정이 나타나는 이야기입니다.
이 글을 읽으며 '동굴', '그곳'처럼 장소를 나타내는 말을 찾아보게 해 주세요. 하단의 '콕콕 확인!'에서는 '궁전'처럼 장소를 나타내는 말을 찾아볼 수 있습니다. 장소를 나타내는 말을 알면 사건이 어디에서 일어나는지 알 수 있어 이야기의 배경과 분위기를 이해하는 데 도움이 됩니다.

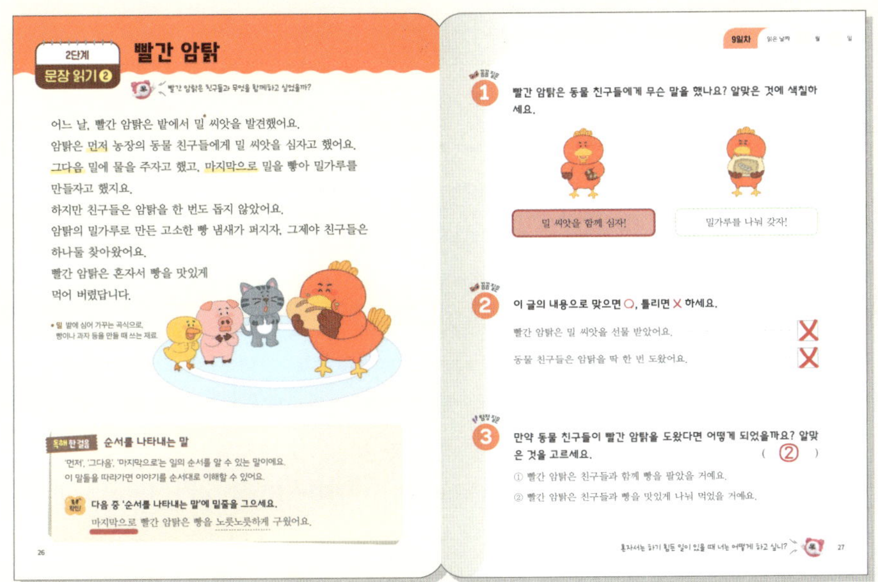

9일차　　📖 26~27쪽

빨간 암탉은 밀 씨앗을 발견해 친구들에게 함께 심고 가꾸어 빵을 만들려고 했지만 친구들이 돕지 않아 결국 만든 빵을 혼자 맛있게 먹게 되었다는 이야기입니다.

이 글을 읽으며 '먼저', '그다음', '마지막으로'처럼 순서를 나타내는 말에 주목할 수 있게 해 주세요. 이런 말을 따라 읽으면 일의 순서를 알 수 있어 이야기의 전체 흐름을 이해하는 데 도움이 됩니다.

10일차　　📖 28~29쪽

봄·여름·가을·겨울마다 다른 모습으로 내리는 비도 좋지만, '나'는 햇살이 가장 좋다고 말하는 동시입니다.

이 글을 읽을 때에는 문장을 의미 단위로 끊어 읽을 수 있게 해 주세요. 의미 단위로 끊어 읽으면 문장의 뜻과 구조를 더 쉽게 이해할 수 있습니다. 소리 내어 읽고 붙임 딱지를 붙이며 유창하게 읽는 연습을 하게 해 주세요.

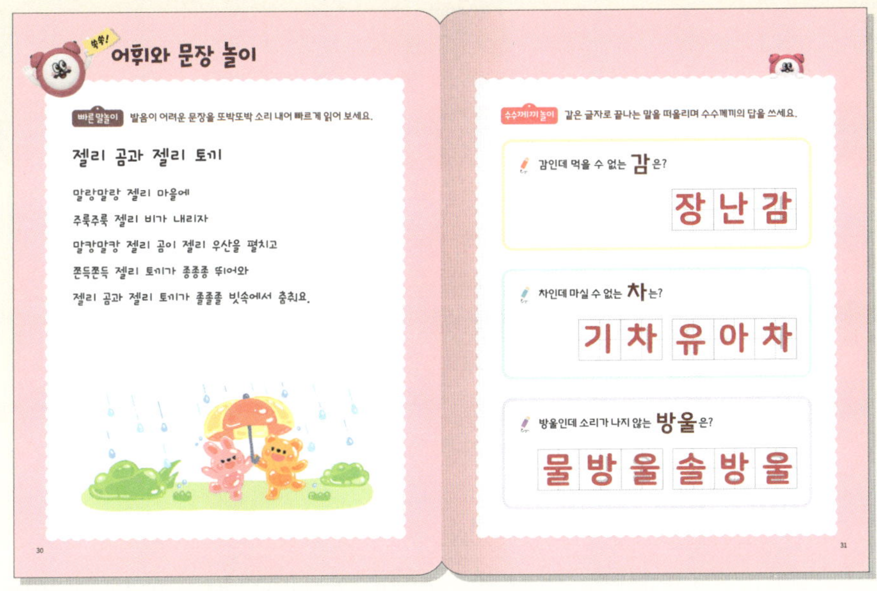

쑥쑥! 어휘와 문장 놀이　　📖 30~31쪽

빠른 말놀이에서는 젤리 비가 내리는 날, 젤리 곰과 젤리 토끼가 만나 빗속에서 함께 춤을 추는 모습을 표현하고 있습니다. 글을 읽을 때 '말랑말랑', '말캉말캉', '쫀득쫀득'처럼 비슷한 소리가 반복되는 말에 주목하며 글의 리듬감을 느낄 수 있게 해 주세요.

수수께끼 놀이는 같은 글자로 끝나는 말을 떠올려 답을 쓰는 활동이므로 정해진 답 외에도 여러 가지 답이 나올 수 있습니다.

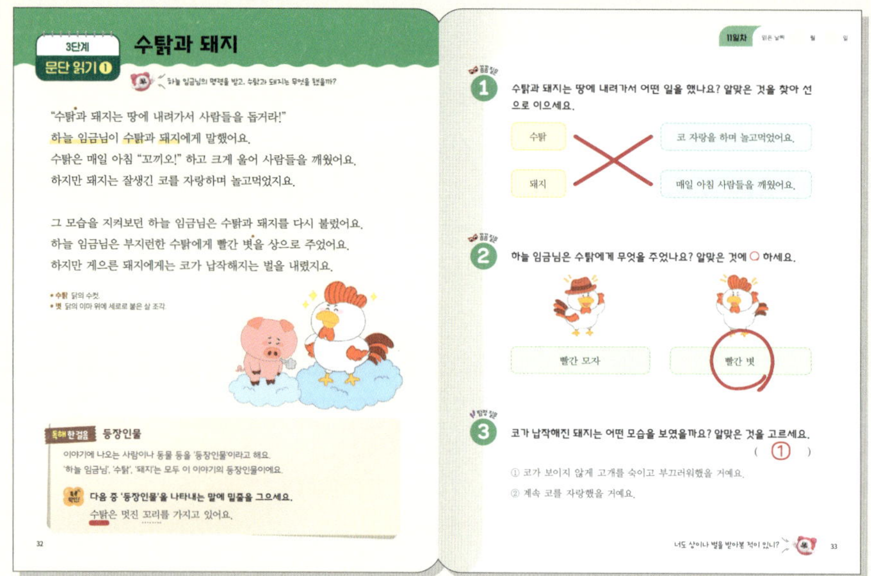

하늘 임금님의 명령을 받은 수탉과 돼지가 서로 다른 모습을 보이며 상과 벌을 받게 되는 이야기입니다.

이 글을 읽으며 누가 등장해서 어떤 행동을 하는지 살펴볼 수 있게 해 주세요. 이야기에는 여러 등장인물이 있고 이 등장인물의 행동에 따라 사건이 이어집니다. '하늘 임금님', '수탉', '돼지'가 어떤 특징을 가지고 어떤 행동을 하는지 생각하며 글을 읽어 보게 해 주세요.

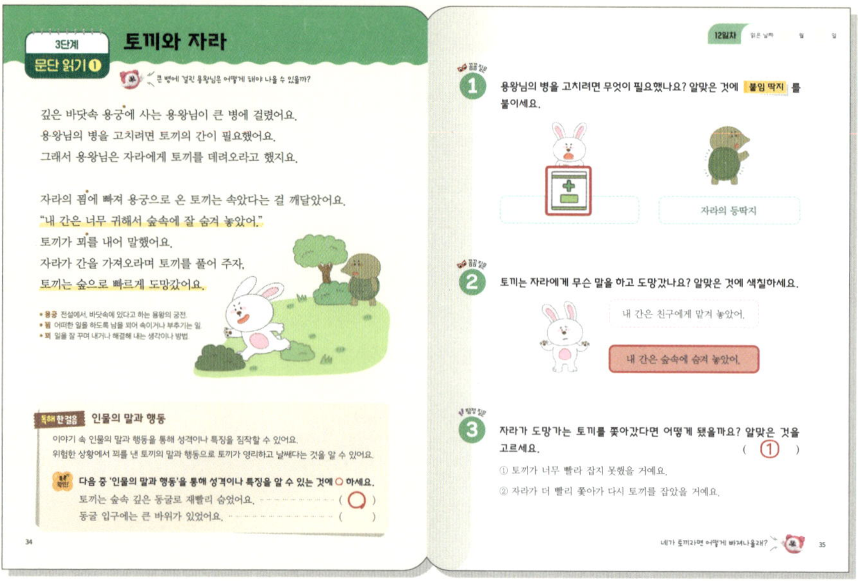

자라가 토끼를 속여 용궁으로 데려왔지만, 토끼는 위험한 상황에서도 꾀를 내어 다시 숲으로 도망칠 수 있었다는 이야기입니다.

이 글을 읽을 때에는 인물의 말과 행동에 주목하게 해 주세요. 인물의 말과 행동에는 인물의 성격이나 특징이 드러납니다. 자라가 왜 토끼를 속였는지, 토끼는 어떻게 위기를 벗어났는지 생각하며 읽어 보면 좋습니다.

소처럼 편하게 살고 싶었던 게으름뱅이가 소머리 탈을 쓰고 진짜 소가 되어 고생한 뒤 후회했다는 이야기입니다.

글을 읽을 때 게으름뱅이에게 어떤 일이 일어났는지에 주목해서 읽게 해 주세요. 이야기에서는 주인공에게 여러 사건이 일어나며 내용이 전개됩니다. 게으름뱅이가 왜 소가 되었는지, 소가 된 뒤 어떤 일을 겪었는지를 떠올리며 읽으면 이야기를 더 잘 이해할 수 있습니다.

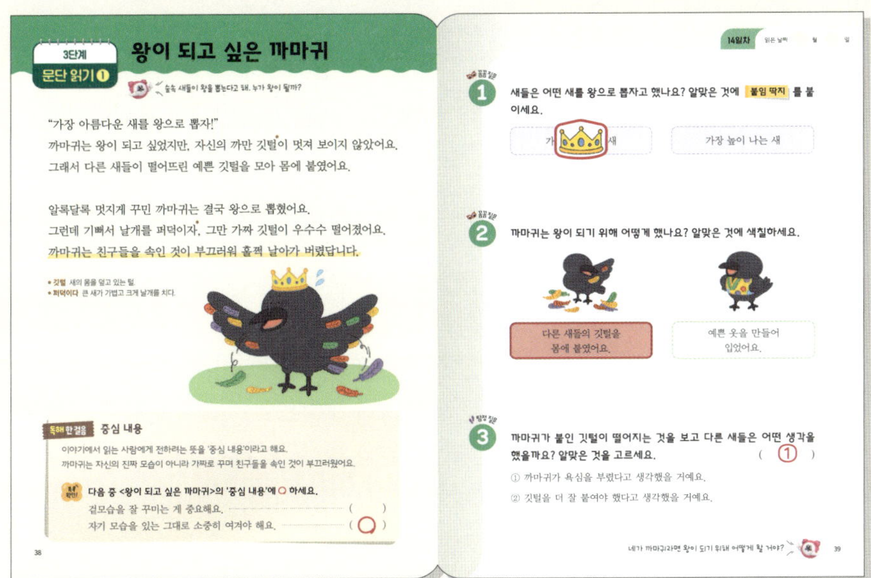

14일차 📖 38~39쪽

다른 새들의 깃털로 몸을 꾸민 까마귀가 왕이 되었지만, 날개를 퍼덕이자 가짜 깃털이 떨어져 부끄러워하는 이야기입니다.

이 글을 읽으며 이야기에서 전하려는 중심 내용을 생각하게 해 주세요. 까마귀가 다른 깃털로 꾸며 친구들을 속인 일이 왜 부끄러운 것인지 생각하며 읽어 보면, 속임수는 오래갈 수 없고 자기 모습을 있는 그대로 소중히 여겨야 한다는 뜻을 이해할 수 있습니다.

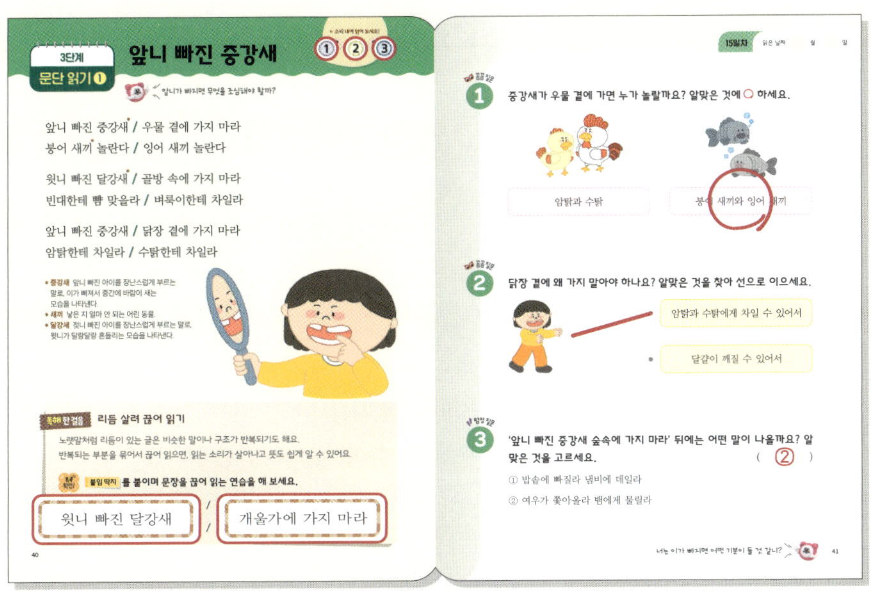

15일차 📖 40~41쪽

'앞니 빠진 중강새'는 앞니가 빠진 아이를 놀리며 부르던 전래 동요입니다. 비슷한 말과 구절이 반복되어 리듬감을 느낄 수 있습니다.

이 글을 읽을 때에는 비슷한 말이나 구조가 반복되는 부분을 묶어서 끊어 읽게 해 보세요. 이렇게 읽으면 글의 리듬이 살아나고 내용과 글의 구조를 예측할 수 있어 더 재미있게 읽을 수 있습니다.

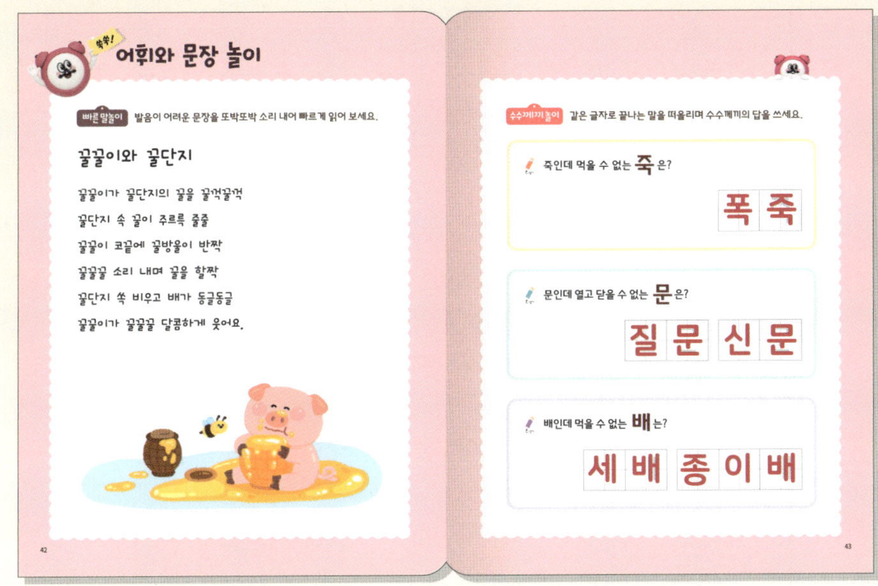

쑥쑥! 어휘와 문장 놀이 📖 42~43쪽

빠른 말놀이에서는 꿀꿀이가 꿀단지 속 꿀을 먹는 모습을 재미있게 표현하고 있습니다. 발음이 비슷한 말이 반복되는 문장을 또박또박 소리 내어 읽으며 발음과 입 모양에 주목하게 해 주세요.

수수께끼 놀이는 같은 글자로 끝나는 말을 떠올려 답을 쓰는 활동이므로 정해진 답 외에도 여러 가지 답이 나올 수 있습니다.

16일차

좁쌀 한 톨에서 시작된 일이 쥐, 고양이, 말, 소를 거쳐 결국 부잣집 딸과의 결혼으로 이어지게 되었다는 이야기입니다.

이야기 속 어떤 일이 어떻게 시작되고, 어떤 일들을 거쳐, 어떻게 마무리되는지를 살피면 이야기의 흐름이 분명해집니다. 이 글을 읽으며 좁쌀 한 톨에서 시작된 일이 어떤 일들을 거쳐 부잣집 딸과의 결혼으로 이어지는지 순서를 따라가면서 읽을 수 있게 해 주세요.

17일차

마음씨 착한 할아버지는 샘물을 마시고 젊어졌지만, 욕심쟁이 할아버지는 샘물을 마구 마셔서 갓난아이가 되어 버리는 이야기입니다.

이 글을 읽으며 인물이나 상황의 같은 점과 다른 점을 비교할 수 있게 해 주세요. 마음씨 착한 할아버지와 욕심쟁이 할아버지의 같은 점과 다른 점을 비교해 보면, 착한 마음은 좋은 결과로 이어지고 욕심은 오히려 화를 부른다는 메시지를 쉽게 이해할 수 있습니다.

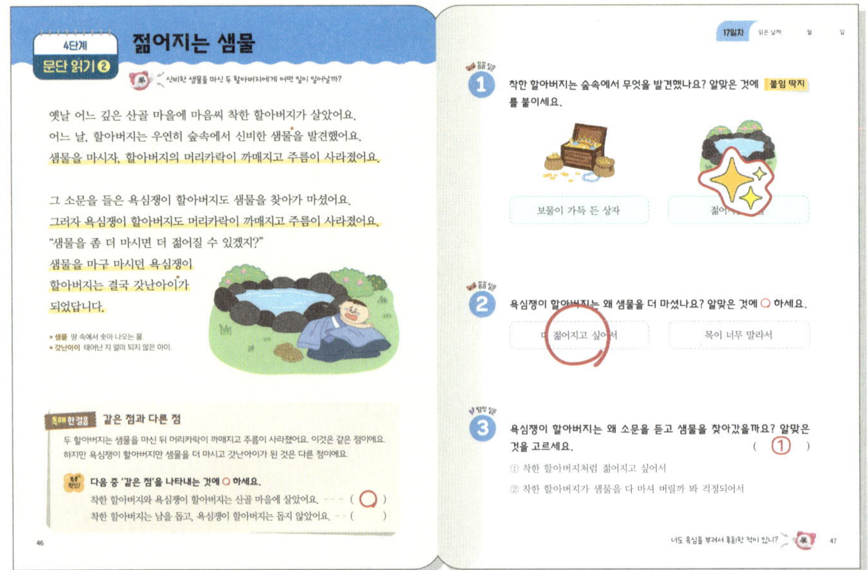

18일차

폭풍으로 섬에 떠밀려 온 걸리버를 무서워한 작은 사람들은 밧줄로 걸리버를 묶었지만, 걸리버가 전쟁을 도와주며 서로 친구가 되는 이야기입니다.

이 글에서 등장인물은 '문제와 해결'의 과정을 겪습니다. 문제가 해결되는 과정을 살펴보면 주인공의 지혜와 용기도 엿볼 수 있습니다. 글을 읽으면서 걸리버에게 어떤 문제가 생겼고, 그것이 어떻게 해결되었는지를 살펴볼 수 있게 해 주세요.

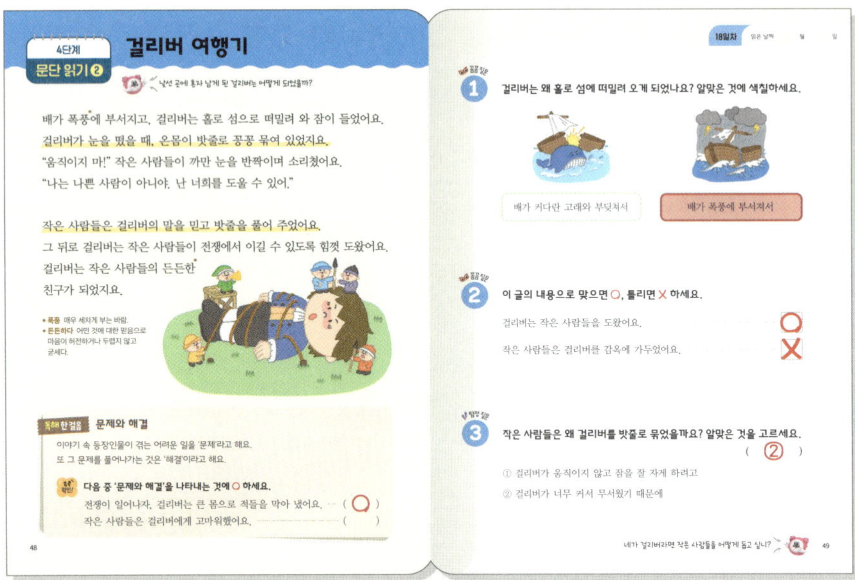

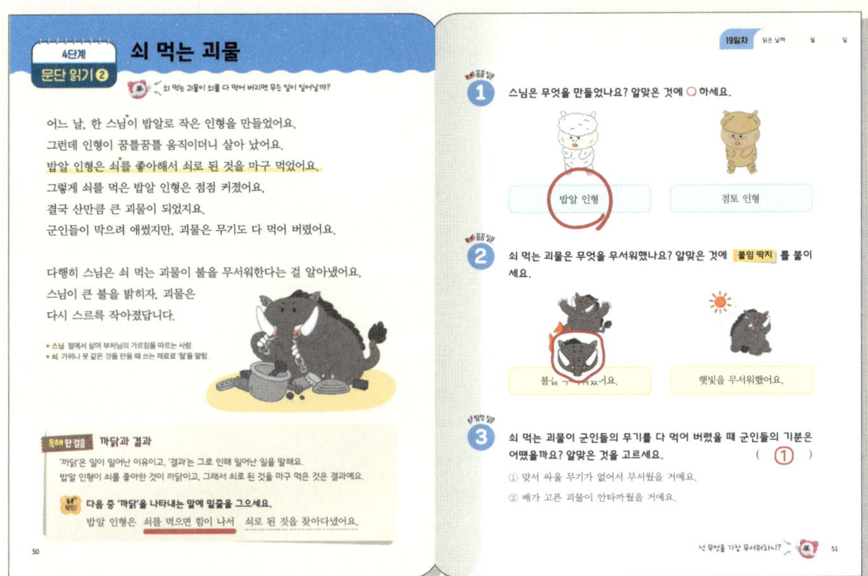

19일차

📖 50~51쪽

밥알 인형이 쇠를 먹고 점점 커져 괴물이 되지만, 큰 불을 밝히자 다시 작아졌다는 이야기입니다.

이 글에는 어떤 일이 일어난 까닭과 결과가 담겨 있습니다. 쇠 먹는 괴물이 어떻게 생겨났는지, 밥알 인형이 쇠를 좋아해서 무엇을 했는지, 쇠를 먹은 결과 어떤 일이 벌어졌는지를 차례로 살피면 이야기를 쉽게 이해할 수 있습니다.

20일차

📖 52~53쪽

북풍은 소년의 밀가루를 날려 버린 대신 선물을 주지만 여관 주인이 그것을 훔쳐 갑니다. 이후 북풍이 준 요술 지팡이로 소년이 여관 주인을 혼내 주는 이야기입니다.

이 글을 읽을 때에는 상황과 인물의 감정, 행동을 고려해 느낌을 살려 읽어 보세요. 특히 누가 어떤 상황에서 어떤 마음으로 말하는지를 떠올리며, 목소리의 높낮이와 표정을 함께 표현하며 읽으면 인물의 마음을 더 잘 이해할 수 있습니다.

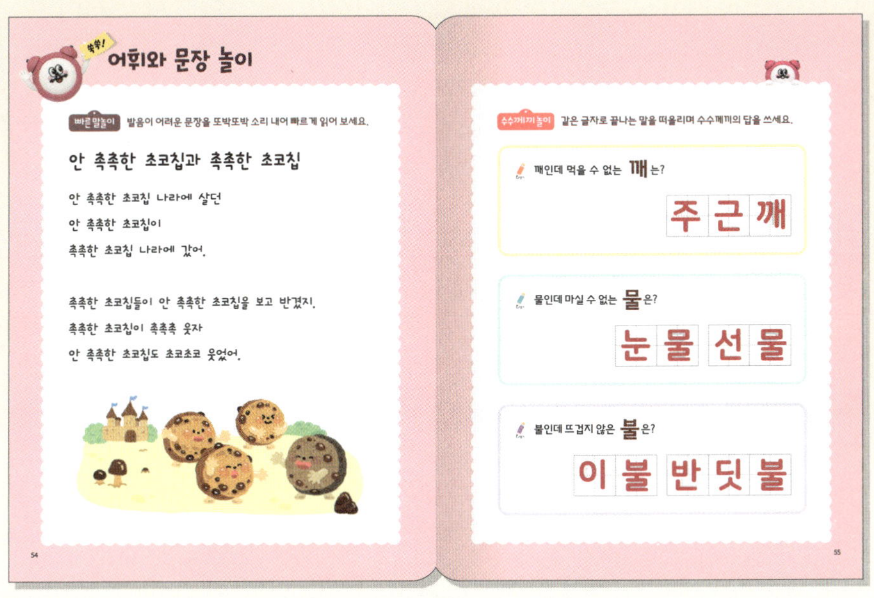

쑥쑥! 어휘와 문장 놀이

📖 54~55쪽

빠른 말놀이에서는 '촉촉한 초코칩', '안 촉촉한 초코칩'처럼 비슷한 소리가 반복되는 문장을 또박또박 소리 내어 읽으며 발음에 주목해 봅니다. '촉촉한', '안 촉촉한'처럼 대비되는 말과 반복 구조에 집중하며 소리의 빠르기와 세기를 조절해 읽어 보세요. '촉촉한 초코칩'과 '안 촉촉한 초코칩'을 번갈아 읽으며 점점 빠르게 읽는 놀이로 확장할 수도 있습니다.

수수께끼 놀이는 같은 글자로 끝나는 말을 떠올려 답을 쓰는 활동이므로 정해진 답 외에도 여러 가지 답이 나올 수 있습니다.

📖 56~57쪽

첫 번째 장면에서 새 왕비는 엘리자를 먼 시골로 내쫓고 왕자들에게 마법을 걸어 백조로 만들어 버립니다. 두 번째 장면에서는 오빠들을 찾아 헤매던 엘리자가 한 할머니의 말을 듣고 연못으로 가게 됩니다. 밤이 되자 연못에 있던 백조들이 사람으로 변하고, 엘리자는 그들이 바로 오빠들이라는 것을 알게 됩니다.
글을 읽으며 엘리자와 왕자들에게 어떤 일이 일어났는지 사건의 흐름을 따라 살펴볼 수 있게 해 주세요.

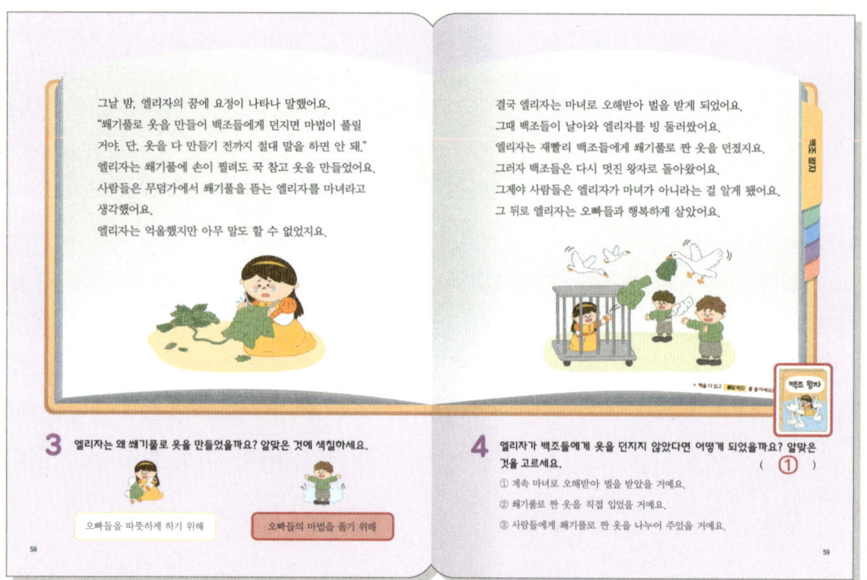

📖 58~59쪽

세 번째 장면에서는 엘리자가 오빠들에게 걸린 마법을 풀기 위해 쐐기풀로 옷을 만드는 모습이 나옵니다. 옷을 다 만들기 전까지 말을 하면 안 되기 때문에 엘리자는 아무 말도 하지 못합니다. 네 번째 장면에서는 엘리자가 쐐기풀로 만든 옷을 던지자 백조들이 다시 왕자로 돌아옵니다.
글을 읽으며 엘리자가 왜 쐐기풀로 옷을 만들었는지, 마지막에 어떤 일이 일어나는지 확인하게 해 주세요.

📖 60~61쪽

첫 번째 장면에서는 양치기 소년이 양을 지키는 일이 따분하다고 생각하며 심심해하는 모습이 나옵니다. 두 번째 장면에서는 소년이 "늑대가 나타났다!" 하고 거짓말을 해 마을 사람들을 속입니다.
글을 읽을 때 양치기 소년이 왜 그런 장난을 쳤는지, 마을 사람들은 어떻게 행동했는지를 떠올리며 사건의 흐름을 따라가게 해 주세요.

📖 62~63쪽

세 번째 장면에서는 양치기 소년이 다시 같은 거짓말을 하자 마을 사람들이 화를 내며 돌아가는 모습이 나옵니다. 네 번째 장면에서는 진짜 늑대가 나타나 소년이 소리치지만 아무도 소년의 말을 믿지 않아 양들이 잡아먹히고 맙니다.

글을 읽으며 소년의 거짓말이 어떤 결과를 가져왔는지 생각하게 해 주세요.

23일차

📖 64~65쪽

첫 번째 장면에서 임금님의 귀가 당나귀 귀처럼 길다는 비밀이 소개되고, 임금님이 모자 만드는 할아버지에게 그 귀를 가릴 수 있는 큰 모자를 만들라고 하는 모습이 나옵니다. 두 번째 장면에서는 비밀을 말하지 못해 답답했던 할아버지가 대나무 숲속에서 참았던 말을 크게 외칩니다.

글을 읽으며 임금님이 왜 귀를 숨기려고 했는지, 할아버지는 왜 대나무 숲으로 갔는지 생각하게 해 주세요.

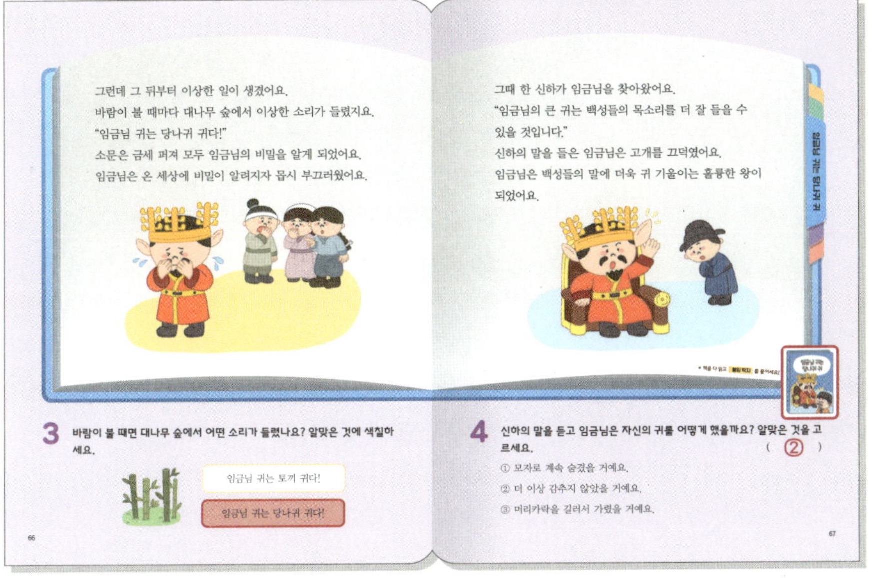

📖 66~67쪽

세 번째 장면에서는 바람이 불 때마다 대나무 숲에서 "임금님 귀는 당나귀 귀다!"라는 소리가 들리며 사람들에게 소문이 퍼지는 모습이 나옵니다. 네 번째 장면에서 신하의 말을 들은 임금님은 백성들의 목소리에 더 귀 기울이는 훌륭한 왕이 됩니다.

글을 읽으며 임금님의 비밀이 어떻게 알려졌는지, 임금님은 어떤 마음가짐을 갖게 되었는지 떠올리게 해 주세요.

  68~69쪽

첫 번째 장면에서는 신데렐라가 새어머니와 언니들에게 구박을 받으며 혼자 집안일을 하는 모습이 나옵니다. 두 번째 장면에서는 궁전에서 무도회가 열린다는 소식이 전해지고, 요정이 나타나 신데렐라가 무도회에 갈 수 있게 도와주는 모습이 이어집니다.

글을 읽으며 신데렐라가 어떤 생활을 했는지, 요정은 신데렐라를 어떻게 도와주었는지 살펴보게 해 주세요.

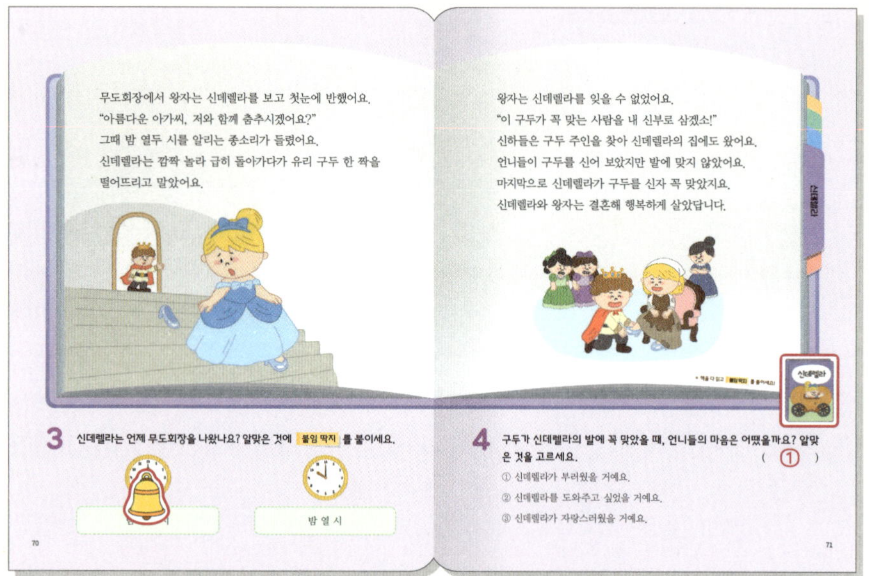

70~71쪽

세 번째 장면에서는 무도회에서 왕자가 신데렐라에게 반하고, 밤 열두 시가 되자 신데렐라가 급히 돌아가며 유리 구두 한 짝을 떨어뜨리는 모습이 나옵니다. 네 번째 장면에서는 왕자가 유리 구두의 주인을 찾고, 신데렐라가 구두의 주인으로 밝혀져 왕자와 결혼하게 되는 이야기가 이어집니다.

글을 읽으며 신데렐라에게 어떤 일이 일어났는지, 이야기가 어떻게 끝나는지 떠올리게 해 주세요.

  72~73쪽

첫 번째 장면에서는 빨간 모자가 아픈 할머니께 드릴 빵과 우유를 가지고 숲길을 걸어가는 모습이 나옵니다. 두 번째 장면에서는 늑대가 빨간 모자에게 다가와 어디로 가는지 묻고, 빨간 모자가 꽃을 따는 사이 할머니 집으로 가 할머니를 삼켜 버립니다.

글을 읽으며 빨간 모자가 어디로 가고 있는지, 늑대는 어떤 생각을 하고 있었는지 살펴보게 해 주세요.

74~75쪽

세 번째 장면에서는 늑대가 할머니처럼 꾸미고 있다가 빨간 모자를 삼켜 버리는 모습이 나옵니다. 네 번째 장면에서는 사냥꾼이 늑대를 잡아 할머니와 빨간 모자를 구하고, 돌 때문에 배가 무거워진 늑대가 우물에 빠지게 되는 이야기가 이어집니다.
글을 읽으며 늑대가 어떤 일을 했는지, 마지막에 어떤 일이 일어났는지 생각하게 해 주세요.

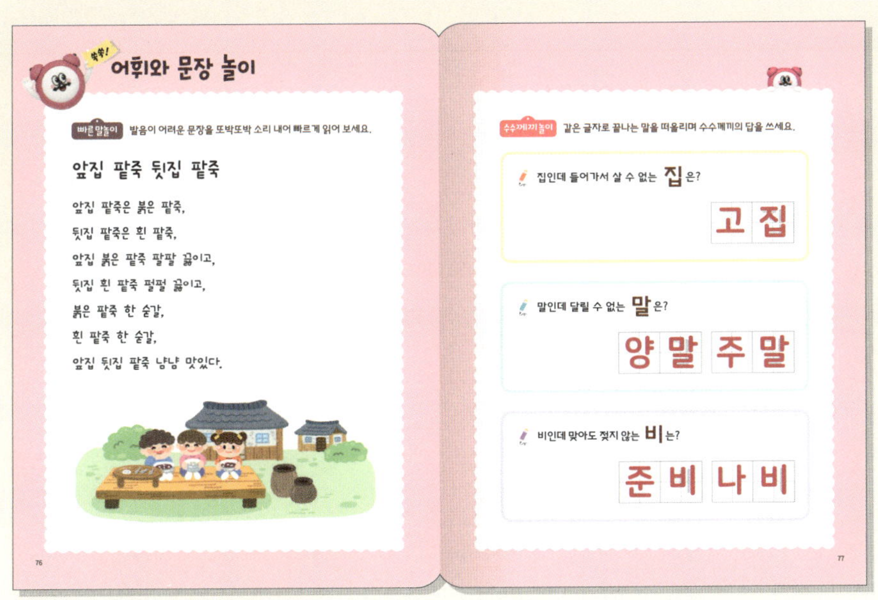

뚝쑥! 어휘와 문장 놀이   76~77쪽

빠른 말놀이에서는 앞집과 뒷집에서 서로 다른 팥죽을 끓여 함께 맛있게 먹는 모습을 담고 있습니다. '앞집', '팥죽'처럼 'ㅍ', 'ㅌ' 받침에서 나는 소리를 구별하며 또박또박 읽어 보게 해 주세요. 또 '앞집'과 '뒷집', '붉은'과 '흰'처럼 대비되는 말을 짝 지어 읽으며 발음을 연습하는 것도 좋습니다.
수수께끼 놀이는 같은 글자로 끝나는 말을 떠올려 답을 쓰는 활동이므로 정해진 답 외에도 여러 가지 답이 나올 수 있습니다.

척척 읽기 상

위 어린이는 1일 1독해 7세 첫 독해
**❶ 이야기 글을 끝까지 해내는
멋진 모습을 보여 주었습니다.**
이에 성실하게 학습을 마친
자랑스러운 ＿＿＿＿＿＿＿ 에게

이 상장을 주어 칭찬합니다.

년   월   일